軽度発達障害のための心理劇

――情操を育む支援法――

髙原朗子［編著］

九州大学出版会

はしがき

　本著は 2007（平成 19）年に刊行された『発達障害のための心理劇——想（おもい）から現（うつつ）に——』（以下，前著）の続編である。前著でも訴えたように自閉症やアスペルガー症候群を取り巻く社会的状況は近年，大きく変化している。2007 年度からはじまった特別支援教育や 2005 年 4 月に成立した発達障害者支援法などにより，その支援の在り方について，今までの教育や支援方法のみではない新たな方法が模索されている。一方で，大変不幸なことに近年の凶悪犯罪の中には，広汎性発達障害（高機能自閉症やアスペルガー症候群を含む）の子供や青年によるものが認められ，犯罪防止のためにも彼らを理解することと，適切な支援をしていくことが大変重要な社会的テーマとなっている。このような社会情勢を考えると発達障害児・者を支援するには，従来の行動療法や言語訓練などに加えて，社会適応力の向上，自分の感情を適切に表出できることなど，人格を向上させるためのさらなる工夫が必要である。それらを踏まえて前著では発達障害児・者に対する心理劇による治療技法を解説し，特別支援教育の現場をはじめとする臨床現場で安全で，かつ，比較的簡単に利用できる方法の可能性を紹介した。

　前著から引き続いて本著ではいわゆる軽度発達障害児・者にさらに焦点を絞って彼らの持つイメージやファンタジーの世界「想（おもい）」を，安全で守られた治療の場で「現（うつつ）」として表現する心理劇の治療技法を紹介していく。

　まず本著の題名を「軽度発達障害のための心理劇」としたことについて一言述べたい。

　軽度発達障害という用語については文部科学省初等中等教育局特別支援教育課の平成 19 年 3 月 15 日付の通達（「『軽度発達障害』の表記は，その意味する範囲が必ずしも明確ではないこと等の理由から，今後当課におい

ては原則として使用しない」）もあり，現在この用語の使用について多少の議論が起こっている。本著の共著者とも，この点で題名をどうするか討議した。

　その結果，①「軽度発達障害」という用語は，本著で示した様々な症例（高機能自閉症，アスペルガー障害，学習障害，注意欠陥多動性障害など）を総称するために，今現在日本で使われている最もわかりやすい語であること，②障害がわかりにくいがゆえに誤解され，苦しんでいる彼らの在り様を正しく伝えるためにも，著書の題名としては一言で理解されやすい用語を使う必要があること，などが挙げられた。従って，本著は，誤解されやすく傷つきやすい彼らの状況を改善するための支援技法を紹介することが目的の一つであるので，世人にわかりやすいという観点からこの用語を残した。

　執筆陣であるが，まず前著でも執筆いただいた金子進之助氏には，カウンセリング・心理劇の専門家として心理劇的方法による高等教育機関での支援の実践を述べていただいた。同じく楠峰光氏には，自閉症・アスペルガー障害に対する治療教育の専門家として，アスペルガー障害に対する心理劇の効果について論じていただいた。さらに今回，編者が院生として心理劇を学び始めた初期の頃からずっとご一緒し，様々なアドバイスをいただいてきた先輩の吉川昌子氏にLDの会での保護者支援を伴った実践の報告をいただき，同じく若い頃から西日本心理劇学会で同じ分野での学びを続けてきた工藤雅道氏に貴重な現場の実践を報告いただいた。また，大学院の後輩であり現在筆者のグループを様々な形でサポートしてくださっている井上久美子氏，中村真樹氏，渡邊須美子氏，職場の同僚として心理劇的方法や考え方を授業に積極的に取り入れてくださった矢野裕子氏，楠氏の施設のスタッフである田中聡氏，松井達矢氏，池田顕吾氏（池田氏は前著に引き続いて）の諸氏に，それぞれの立場から心理劇による療育や支援の実際，心理劇的方法の活用などについて執筆いただいた。

　さらに平山隆浩氏には前著に続いて本著でも挿絵をお願いした。前著でも，心理劇というアクションのある技法を理解していただくために，視覚

的手がかりとして挿絵はとても有効であり，「挿絵が良かった」という感想を多数いただいたゆえである．

　以上の執筆陣にはそれぞれ大変お忙しいところ，無理を言って短期間での執筆をお願いしたにもかかわらず，快くご協力いただいた．執筆者が増えた分，内容は幅広くそれぞれの個性が出たものとなったように思える．一方で，それらを一冊のまとまりある内容として編集するのはなかなか困難であった．もし，読みにくい点，不備な点があれば，それは全て編者の力足らずによるところが大きい．本著の組立ては，第1章で前著のまとめ，心理劇の基本的考え方，および，前著の反響などを示し，第2章，3章では，心理劇の実際をなるべく簡略に方法論として記し，第4章では症例報告を行い，第5章で，本著の考察を行った．

　本著をまとめるにあたり，多くの方のご助言・ご指導を賜りました．はじめに本著出版にあたってご推薦いただいた九州大学大学院時代からの恩師 元九州大学教授 山下功先生および九州大学名誉教授（現 福岡女学院大学教授）大野博之先生に深く感謝いたします．また，児童精神科医（元 九州大学教授）の村田豊久先生，心理劇への道を開き，ご指導くださった故迎孝久先生，九州大学大学院人間環境学府教授 針塚進先生，やまと更生センター施設長 楠エツ子先生に心から御礼申し上げます．さらに前著に対して感想やご意見をいただき，続編を作る勇気を与えていただいた九州大学名誉教授 成瀬悟策先生，日本心理劇学会理事長 増野肇先生，日本自閉症スペクトラム学会会長 中根晃先生，日本自閉症協会会長 石井哲夫先生はじめ日本心理劇学会や西日本心理劇学会の諸先生方にも感謝いたします．
　特に成瀬悟策先生，山下功先生からは先達のいろいろなお話をうかがいました．編者がこの臨床研究を始めたのは先輩たちの導きによるのだということ，偶然ではなく必然であったのだということを思い知らされ，自分のルーツを見つけたような感動に浸っています（詳しくは第1章をお読みください）．

迎孝久先生は，本著を執筆している最中の 2008 年 10 月にご逝去なさいました。迎先生の奥様である房子様からは，迎先生が心理劇を始めた頃，周りからは変わり者だと見られながら患者さんのためにと奮闘されてきたことや，私たち後輩を一所懸命に導いてくださった厳しくも温かい様々なエピソードをうかがいました。特に，第 1 章でも触れたモレノの弟子のファイン氏とその当時心理劇を学んでいた若き青年たちとの迎先生宅でのホームパーティーの話などは，先生や奥様の人に対する優しい思いに満ちあふれたものでした。迎先生のご恩を忘れずこれからも精進して参ります。先生，安らかにお休み下さい。

　また，本著で事例として紹介している方々やそのご家族につきましては，快く掲載することをお許し頂き，さらにはお励ましの言葉も賜り誠にありがとうございました。

　最後に本著を出版するに当たり，お忙しいにもかかわらず前著に続き企画の段階から相談に乗っていただき，たくさんの励ましとご尽力をいただいた九州大学出版会永山俊二編集部長に深く感謝申し上げます。

　なお，本著の刊行にあたっては，出版費の一部として「熊本大学学術出版助成」による助成を受けました。

付記 1：本著では，「発達障害」の定義を「自閉性障害（自閉症），アスペルガー障害（アスペルガー症候群）など，DSM-Ⅳ（アメリカ精神医学診断統計マニュアル）における広汎性発達障害（PDD：Pervasive Developmental Disorders）の診断基準に該当する障害のこと」とし，記述している。また，関連する障害として知的障害（MR：Mental Retardation），注意欠陥・多動性障害（ADHD：Attention-Deficit /Hyperactivity Disorder），学習障害（LD：Learning Disorders）などの事例も紹介している。なお，本著での記述の必要上，個別の診断名である自閉症（略して Aut.）・アスペルガー障害（略して As.）を使用している部分もあることをあらかじめお断りしておく。

付記 2：第 2 章から第 5 章では，本人その保護者および関係者の承諾を得て各人のプライバシーには十分配慮しながら必要に応じ症例報告を行ってい

る。その時には各執筆者の判断により平仮名やアルファベットによる仮名をつけている。

　従って，仮名は各節で独立している。

2009 年元旦（雪の日に　福岡にて）

　　　　　　　　　　　　　　　　　　　　　　　　　　　髙原朗子

目　　次

はしがき …………………………………………………………………… i

第 1 章　発達障害のための心理劇とは …………………………… 3
　　　　　──『発達障害のための心理劇　想（おもい）から現（うつつ）に』をさらに超えて──
　1. 心理劇とは ……………………………………………………… 3
　2. 前著『発達障害のための心理劇』の反響より ……………… 15
　3. 本著の目的 ……………………………………………………… 21
　　　　──『発達障害のための心理劇』をさらに超えて──

第 2 章　心理劇の実際(1) ………………………………………… 23
　　　　　──心理劇による療育──
　1. 寺子屋さくらでの実践 ………………………………………… 23
　2. 青年学級での実践 ……………………………………………… 28
　3. 桜花塾での実践 ………………………………………………… 33
　4. 福祉施設での実践 ……………………………………………… 37
　5. 林間学校での実践 ……………………………………………… 42

第 3 章　心理劇の実際(2) ………………………………………… 47
　　　　　──心理劇的方法を用いた教育・支援──
　1. さくら保育園・さくらキャンプでの実践 …………………… 47
　2. 特別支援学校での実践(1) ……………………………………… 52
　3. 特別支援学校での実践(2) ……………………………………… 56
　4. あおぞらキャンプでの実践 …………………………………… 61
　5. LD 及び周辺児・者親の会によるソーシャル・スキル学習グループ
　　 での実践 ………………………………………………………… 68

第4章　心理劇の実際(3) ……………………………………………… 75
　　　　　──症例報告──

1. 女児グループ「なでしこグループ」での実践 ……………………… 75
2. 中学生の心理劇にみられた「とげとげことば」から
　 「あったかことば」への変容 ………………………………………… 84
3. あおぞらキャンプでのある ADHD 児に対する心理劇 …………… 97
4. 発達障害者へのロールプレイを用いた支援（実践例）…………… 102
　　──アスペルガー障害者のソーシャル・スキル獲得のための援助──
5. 高機能自閉性障害女性の抱く「異性に対する思い」に触れる
　 心理劇 ………………………………………………………………… 110
6. 高機能広汎性発達障害者に対する心理劇 ………………………… 117
　　──今，ここで育ちあう体験──
7. 青年期の広汎性発達障害者に対する心理劇の適用 ……………… 128
　　──ピア・カウンセリング，他者への適切なかかわり方の促進に対する支援──
8. 高機能広汎性発達障害における心理劇の効果 …………………… 143
　　──グループ創設期の様子と現在──

第5章　考　察 ……………………………………………………… 173

1. 本著の目的 …………………………………………………………… 173
2. 心理劇の実際より導き出された結果 ……………………………… 174
3. 発達障害児・者になぜ心理劇が有効なのか ……………………… 179
　　──インタビューや臨床観察より──
4. アスペルガー障害児・者になぜ心理劇が有効なのか …………… 182
5. さいごに ……………………………………………………………… 192

あとがきに代えて ………………………………………………………… 193
索　　引 …………………………………………………………………… 195

軽度発達障害のための心理劇
──情操を育む支援法──

第 1 章　発達障害のための心理劇とは
―――『発達障害のための心理劇　想(おもい)から現(うつつ)に』をさらに超えて―――

　本著は発達障害の人たちに対する心理劇施行の実際とその意義を報告し，論じている。「はしがき」でも書いたように本著は前著『発達障害のための心理劇――想(おもい)から現(うつつ)に――』に続く著作である。従って前著から読んでいただきたいが本著から手にとっていただいた読者のために本章では，簡単に前著で示した心理劇の定義やその成り立ち，発達障害者へ心理劇を行うことの意義についてまとめる。また，前著を刊行してからの様々な反響について報告し，本著で新たに論じたい点について述べる。

1. 心理劇とは

　心理劇は，モレノ（Moreno, J. L. 1892～1974 年）によって始められた集団心理療法である。即興劇により主役の心理的世界が，展開される。人が社会の中で生きていくときには，今ここでの状況に対して適応的な役割をとらねばならない。心理劇の場では，さまざまな治療的支援により日常のいつもの役割を機械的に演じるのではなく，自発性・創造性を発揮できるような場面が作られていく。そして，心理劇の場でその場にふさわしい役割をとることができたときには，日常場面においても人はより良く生きていくことができると考えられている。

1.1 心理劇の歴史

(1) 自発性・創造性の開発

心理劇はモレノが始めたとされている。モレノは,はじめはウィーンで市民劇場を立ち上げ,市民の啓蒙活動に演劇を用いて,その日のニュースを題材にして上演していた。ある時,主演女優の夫からその女優との家庭内でのトラブルについて相談されたのをきっかけに個人のテーマを劇化することを試み,それが治療的効果をもたらすことを発見し,これが「心理劇」として発展する契機になった。その後,彼はアメリカに渡りニューヨークでビーコンハウスという心理劇を行う研究所を設立し,そこで精神障害者への心理劇を発展させた。

(2) 日本における心理劇

戦後日本に紹介された心理劇は,松村康平,臺利夫,時田光人,外林大作,石井哲夫らの諸氏によって研究・実践されてきた。1960年代にモレノ夫人であるザーカ・モレノが来日し,サイコドラマのワークショップを行った。それは,「古典的心理劇」として紹介され,まさに心理療法の名に値する技法であり,我が国の当時の気鋭のサイコドラマチストに大きな影響を与えた。

(3) 九州における心理劇の歴史

九州で心理劇を導入発展させたのは,迎孝久である。迎は昭和30年代に精神病院内における意志や感情の鈍麻した多数の統合失調症患者に対して,自らの力を回復し,自発的生活が可能になるようにと心理劇に取り組むようになったのである。なお,前著刊行後に九州に心理劇が入ってきた歴史的事実について新たにわかったことがある。それについては本章15～17ページを参照していただきたい。

(4) 迎医師と統合失調症患者

西日本心理劇学会の創立者の一人である迎は,「間接誘導法」という技法を慢性の統合失調症患者への心理劇技法として確立した。「間接誘導法」とは,直接的に参加した対象者を劇の中で指導するのではなく,スタッフである補助自我が少しずつ負荷をかけ,あるいは逆に少しずつ動きの示唆を与えながら,劇の中で活動できるように援助していく方法である。この

方法により社会への再適応を図るために，意欲や思考力が衰え，感情の鈍麻した対象者が，少しずつ劇の中で自発性を取り戻していく。この方法は，迎によって訓練された発達障害者のための心理劇のスタッフにも受け継がれている。

(5) 西日本心理劇学会

西日本では九州を中心に学会が結成され，最初は「九州心理劇研究会」として発足した。それが，やがて「西日本心理劇学会」として発展し，既に33年の歴史を持って，毎年の総会・学会，年1回のワークショップを行っている。この学会では現場・実践に重点を置いており研究・実践の領域は，精神科病院，矯正，教育，福祉，社会教育など多方面にわたっている。

現在，学会の事務局は九州大学大学院人間環境学府附属総合臨床心理センターにおかれている。

(6) 福祉心理劇の開発

西日本心理劇学会において過去に研究報告された福祉関係の実践・研究は，古川卓・針塚進らによる高齢者対象の心理劇，安東末廣や工藤雅道による障害児への心理劇の適用，児童養護施設職員による虐待を受けた児童への心理劇の適用など広範囲にわたる。発達障害者に対する心理劇の実践研究もこの本の執筆者らをはじめとする研究がある。今後，認知症高齢者や被虐待児童への適用・方法についてもさらに臨床を積み重ね，適切な演出が工夫されることが望ましい。

1.2 発達障害者に対する心理劇

(1) 発達障害者をめぐる社会的状況と支援の方法について

カナー（Kanner, 1943）が最初に自閉症の，アスペルガー（Asperger, 1944）がアスペルガー障害の概念を示して以来，その概念が周知されるにつれ社会的認知も高まってきた。

我が国でも自閉症，アスペルガー障害，学習障害など特別支援教育の対象児および成人の支援に関して「発達障害者支援法」が可決成立し（2004（平成16）年12月3日成立，2005（平成17）年4月1日施行），特別な支援が必要

な子供は一般教育調査によると6.3％，40人クラスに2～3人と報告され，社会の関心も高くなり，マスコミ等でも取り上げられるようになってきた。

　以前は「自閉症って，心を閉ざした人のこと？」とか「アスペルガーって何？」など，ほとんど理解されなかった彼らのことについても最近ではとりあえず言葉は知っているという一般の人も増えてきた。しかしながら，理解が十分でない場合や，絵カードで指導しなければならないなど一部の偏った情報のみが先走りし，誤った対応をしてしまう場合など，知られてきたゆえの対応に関する新たな課題が出てきている。その重大なものの一つが軽度の発達障害の処遇に関する問題であろう。

　杉山（2007）は，無関心，即ち彼らに対して何もしないことが最も問題の多いかかわり方であると述べている。障害がわからない時には「怠け者」，「親のしつけが悪い」と言って責められ，他者と異なる行動様式ゆえにいじめの対象となることもある。前著4ページでも取り上げているように「感情的に受け容れにくい異質な感覚や社会的に許されない異常な行動を障害から来たものだから，ただ受け容れよ」と言われたところで受け容れられるものではない。いじめの対象になりあるいはクラスの厄介者となり，疎外され，不登校となり引きこもることとなる場合も多い。

　また，「障害がわかると，適切な対応が受けられる」となるかどうかについては，残念ながら必ずしもそのようにはならない実例もある。対象児は，支援の対象ということで，本人ができることまですべて教えてもらうという「いわゆる弱者」としてサポートされることに慣れすぎ，文字通り「自分勝手であってもいい」という間違った行動様式を学習してしまうことさえある。サポートされる状況がずっと続くわけではなく，多くは就学期を過ぎると厳しい社会に独りおかれて，様々なストレスの中で診断を受ける前より状態が悪くなることもある。

　それらの改善を目指して筆者らは，前著6ページのように　軽度発達障害の少年たちが他人との共感性を増し，協調性を高め，思いやりや人の痛みがわかる人間的温かみを身につけ，恩を知り義理をわきまえ，内閉から脱してその独自の執着心を少なくするために，さらに情操を育むためにい

ろいろな生活指導プログラムを行ってきた。筆者らは，そのうちの技法の一つとして心理劇が彼らの弱点を真正面からとらえ，これを克服し人格を発達させるのに最も適したものの一つではないかと考え，施行してきた。

(2) 心理劇を取り入れたのは──「想_{おもい}から現_{うつつ}」を体験できる場──

筆者らは1990年はじめから「想_{おもい}から現_{うつつ}」を体験できる場として，心理劇の場を提供してきた。まずは，対象者のプライドを大切にし，仲間との安心感や信頼関係を持てるような場面作りを行った。そのような場面の中，彼らが頭の中でイメージすること（想_{おもい}）を実際に心理劇の場で監督が取り上げる。そこで，彼らは補助自我の支援を得て「現実的」に体験し，そうすること（現_{うつつ}）で，他者は自分に共感してくれることを体感し，自分の存在を再認識し，日頃の人間関係で傷ついた心が癒されていくのであった。そして本人が，させられたのではなく，自分で取り組んだことの意味を感じさせることや，過去のつらい体験を良い思い出に変えることなどが，この心理劇の持つ体験の現実性によって可能になったと思われる。さらに社会で生きていくためにやってよいこと，やってはいけないことなどの判断を，心理的に守られた安全な場所で，文字通り身をもって体験できたことも意味があった。

心理劇という小集団は一つの擬似社会であるから心理劇への参加は社会的体験，対人関係の体験をするということである。本当（リアル）の社会ではないから過度の緊張や不安をもたらすことはない。しかし適度のそれ（緊張や不安）はある。

"台本"や"取り決め"なしに場（状況）は進行していくから常に"場"を捉えておかねばならない。他者の言葉を，直接自分に向けられたものでなくても耳に捉えて頭に残しておかねばならない。流動し千変万化する場を正確に捉えておかねば小集団といえど対応できず相手にされなくなるので，自己の観念に固着するひまなどはない。場が動かなくなると監督より指示，あるいは示唆がなされるので傍観者たりえず，常に神経を張り，今この場で自分はどうあるべきか何をなすべきか判断し行動していかねばならない。それゆえ，自発性・能動性も自然に涵養される。精神的諸能力をトレーニングし昂_{たか}める良い訓練の場になる。もちろん，前述のように自己

の癒しや昇華・カタルシスを行って安定を取り戻し自我を強化する機会にもなる。

(3) 心理劇施行の基本的な考え方と方法

本項では，前著にも書いたが，発達障害の人たちへ心理劇を施行するにあたっての基本的考え方と方法を以下に述べる（詳しくは，前著25～40ページ参照）。

① 発達障害者へ心理劇を適用する目的

1) 表現の場としての意味：発達障害者の情動・認知の特性を活かせる技法である。

2) 社会性向上の場としての意味：心理劇で内面にアプローチすることで，発達障害者の意欲を高め，社会との接点をつけ，前述した汎化の問題を解決する一歩となる。

3) 集団療法の場としての意味：単に治療者と一対一の場面ではなく，同じような症状を持つ集団内で理解してくれる人の存在がその人を成長させるが，心理劇の場はそのような場である。つまりピア・サポートの場と言える（ピア・サポートについては第4章7節も参照）。

② 心理劇を構成するもの

心理劇を構成するのは，以下の5点である。

1) 監督：劇の進行係であり，治療者や指導者が行う。

2) 主役：劇の主な登場人物であり，自らの提出したテーマに基づき，監督の援助や共演者の助けを借りて劇を演じる。

3) 補助自我：主役を助けて，主役の身代わりを演じたり，主役の相手役を演じ，あわせて監督を補佐する。支援スタッフがその役目をとることが多い。

4) 舞台：心理劇が演じられる舞台である。舞台は心理的な安全性が保障され，一般社会と違うけれども，そこに観客がいることで，社会とのつながりのある場と考えられる。

5) 観客：観客は心理劇に参加する対象者やその支援のスタッフで構成される。単なる劇の観客であるというだけではなく，時にはその中から舞台に参加したり，あるいは演じている主役の応援者でもある。

心理劇は普通3つの時制（3つの時間的流れ）に区切られる。

　1）　ウォーミングアップ：全参加者が劇を始めるための心理的身体的準備性を高めるものである。いきなり劇に持ち込んでも人は緊張して動きにくい。そこで，心身のリラックスを図り，またこれから演じられる主題を自然な会話から見いだしたり，その場に集まった人が，仲間としてお互いに親和性を高めて演じやすい雰囲気を作るために行われる。ゲームをしたり，季節の話題を話し合ったり，集団で体を動かしたり，言葉遊びや指遊び，手遊びなどを行う。その場の雰囲気から，監督は劇の進行に適した場面状況を選んで次の劇化を行う。

　2）　劇化：監督から示唆されたテーマや，主役が提出したテーマに基づき，監督がいくつかの技法を使って主役によって演じられる。その際に，主役によって必要な登場人物が告げられ，その人物は補助自我が演じることになる（一部はその他の観客の中から選ばれる）。劇は主役の提供した話に沿って進められるが，主役の自我の強さやその時どきの必要性によって，心理的内容の強いものから，比較的表面的な内容まで演出の仕方が変えられる。しかしあくまでも演者である主役のイメージに沿って進められるのが基本である。

　劇化は，その物語が一定の終結を迎えたり，主役が満足を表明した時点，もしくは監督が一定の治療効果があったと判断した時点で終了となる。しかし，劇化が飛躍しすぎてその場が茶番劇化した場合，あるいは監督のコントロールを超えそうなときにも終了することがある。劇化が終わるとシェアリングが行われる。

　3）　シェアリング：参加者が気持ちを共有すること。とりわけ主役の表現してくれた物語や，それを演じた主役に対して，共感の気持ちや出演してくれたことに対する支持を表明すること。発達障害者の心理劇においてはイメージを共有したことを確認する意味もある。

　③　技法について

　心理劇には様々な技法があるが，基本的なもので筆者らもよく使う3技法について簡単に説明する。

　1）　ダブル（Double，二重自我法）：主役（治療対象者）と同じ人格を場

面の中で補助自我（援助者）が演じてみせる援助の方法。主役の分身のような働きをする。相手役にもダブルを付けることも多い。そうすることで，主役は言いたかったけど表現できなかったことを代弁してもらったり，自分が言いたかったことを確認したり，自分の気持ちに明確に気づくようになる。

2) ミラー（Mirror，鏡映法）：主役（治療対象者）に観客となってもらい，場面では補助自我（援助者）が主役（治療対象者）を鏡のように模倣して演じる援助の方法。補助自我（援助者）が主役（治療対象者）の代わりに演じ，それを観ることで気づかなかった自分に気づかせる。

3) ロールリバーサル（Role Reversal，役割交代法）：主役（治療対象者）に本人とは違う役割を演じてもらい，補助自我（援助者）は主役（治療対象者）の人格を演じる援助の方法。最後は必ず自分自身に戻って演じてもらう。そうすることで，他者から観た自分に気づくことができる。

④ 発達障害者への施行における留意点

1) 参加の意思の尊重：心理劇施行時にはやりたくないときには本人の意思で休むことができる。

2) 劇の内容の秘密厳守：心理劇中に出てきたプライバシーに関わる内容は，監督および補助自我は原則として秘密厳守する。

3) その他：スタッフ以外の職員にも必要に応じて心理劇場面の情報を知らせ（守秘義務に注意しながら），グループに対する理解・協力を求める。

(4) 発達障害者に及ぼす心理劇の効果

① 心理劇適用による効果の要因

第1に，心理劇の場では，本人にとっても他者にとっても思いがけないほど豊かで自発的な情動表出が多く示されることが今までの臨床研究で認められた。中でも本人にとって日常ではあまり見られなかった情動表出や，より洗練された情動表出があり，それはことばのみでなく，表情・姿勢・動作などで認められる（表1-1，1-2）。

第2に，心理劇の場で行われる他者とのやりとりによる効果が挙げられる。我々の臨床によって，心理劇の場で発達障害者が自分のことを認められた時に，まさに自発性を発揮する様子が幾度も観察された。それは心理

表1-1　心理劇的方法の効果評価内容

	定　　義
状態評価 (援助者の見立て)	対象者の現在の興味関心や認知・情動特性などが，表れたかどうか。
対人的相互反応の向上 (個人の外的変化)	対人的相互反応が認められた・もしくはそのレパートリーが増えたかどうか（主にDSM-IVの自閉性障害A-(1)に対応）。
言語表出の促進 (個人の外的変化)	意思伝達のために使用する話し言葉や会話が認められた・もしくはそのレパートリーが増えたかどうか（主にDSM-IVの自閉性障害A-(2)a，bに対応）。
問題行動の抑制 (個人の外的変化)	こだわりやパニックなど問題行動が軽減したり，より社会的に許される方法での行動に変化したかどうか（主にDSM-IVの自閉性障害A-(3)に対応）。
社会性の育成 (個人の外的変化)	社会的ルール・マナーの理解や，その使用が認められた・もしくはレパートリーが増えたかどうか。
情動表出の変化 (個人の内的変化)	思いがけないほど豊かで自発的な情動表出が認められたかどうか。
心理療法 (個人の内的変化)	自分に対する気づき，洞察，カタルシスなどが認められたかどうか。

表1-2　自閉症児・者の状態に応じた心理劇的方法の効果

	重度知的障害を伴った自閉症	中度知的障害を伴った自閉症	高機能自閉症	アスペルガー障害
状態評価 (援助者の見立て)	効果あり	効果大	効果大	効果大
対人的相互反応の向上 (個人の外的変化)	事例によっては効果あり	効果あり	効果大	事例によっては効果あり
言語表出の促進 (個人の外的変化)	事例によっては効果あり	効果あり	効果あり	効果なし （不要）
問題行動の抑制 (個人の外的変化)	効果あまりなし	効果あり	効果あり	効果ある人とない人で差があり
社会性の育成 (個人の外的変化)	簡単なことでは効果あり	効果あり	効果あり	効果あり
情動表出の変化 (個人の内的変化)	評価不能	事例によっては効果あり	効果大	効果あり
心理療法 (個人の内的変化)	評価不能	事例によっては効果あり	効果あり	効果あり

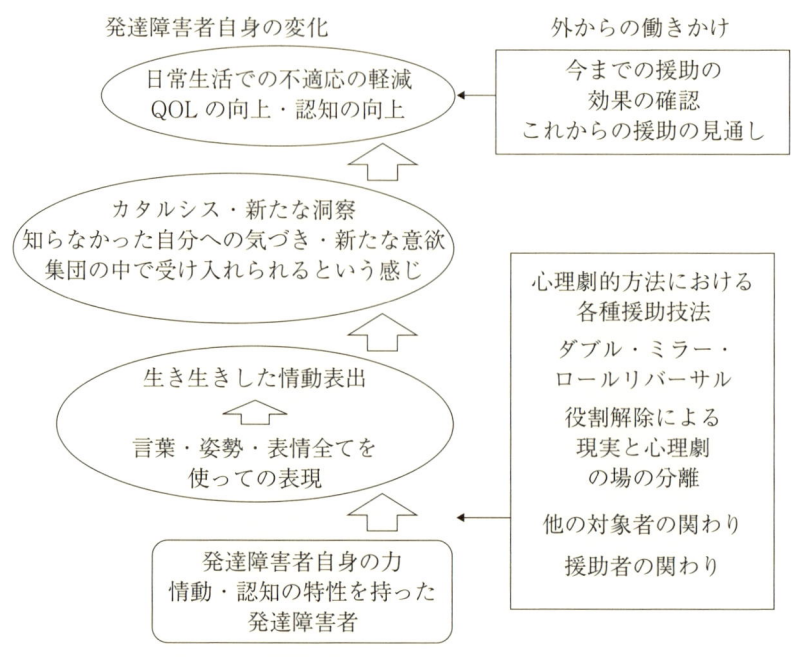

図1-1 発達障害者に対する心理劇的方法の効果

劇の体験的現実という理論に加えて，心理的に安全で守られた場であることからもたらされた。そのような場合の心理的メカニズムは，

1) 初期の心理劇の場において対象者が快の体験を味わい安心する，
2) 安心することにより他者との信頼感を培うことが可能になる，
3) 信頼できる支援者や仲間との間では，快の表出のみでなく不快の表出も可能になる（「生き生きした情動表出」），
4) さらなる安心感と信頼感を育み最終的には気づかなかった自分に気づき，それを認める，
5) 日常生活での不適応の軽減・QOL（生活の質）の向上・認知の向上，
という流れで説明できる。

以上のような要因を基に，心理劇の効果について図示すると図1-1のようになる。

② 支援技法としての心理劇の独自性

次に，支援技法としての心理劇の独自性について述べる。

第1に，自閉症者にとっての社会性・対人関係の向上に効果があり，第2に児童期から青年期まで幅広い年代にわたって発達障害者への支援法となる可能性があり，第3に，特に高機能自閉症者およびアスペルガー障害者に対する有効な支援法であることなどが，今までの研究により明らかにされている。

心理劇では，具体的な達成目標があるというよりは「今ここで」の本人たちの反応を見，またその反応を引き出すものである。言い換えると心理劇によって求められる治療像というのは「何か具体的な行動を獲得した」とか「自閉症ではなくなった」とか「何かが治った」ではなく，その時々の「今ここでの自分らしい（自閉症らしい）想いを表現することができた」なのである。そして，そのような治療像に至るには，ゆっくりとした時の流れが必要である。発達障害者が潜在的に持っている想いをつい自発的に表現してしまったという情動表出の流れが重要であり，その時の十分でない表現は支援者が補うという双方のやりとり体験の繰り返しが，ある時，対象者の自己実現や人格の成長という大きな目標達成に至るのである。この点が，心理劇の持つ臨床心理学的な独自性と言えよう。

③ 心理劇や心理劇的方法適用に際しての留意点

心理劇による治療を行う時には，支援者は過度の介入をしてはいけないし，一方で，「本人の意思に任せる」という耳に心地よいことばの下に結果として何もしないことになってはならない。発達障害者の心理特性を考慮し，最適の支援を行うとき，心理劇の持つ治療的機能は最大限発揮されると思われる。

監督をはじめとした支援者（治療者）のリーダーシップの採り方で工夫した点は以下のとおりである。

第1に，普通の支援より介入的（ディレクティブ）であることもある。

第2に，監督は心理劇施行時に対象児・者をあまりきつい目で見ず，ゆっくり繰り返し説明する。

第3に，監督としての気持ちも伝える。

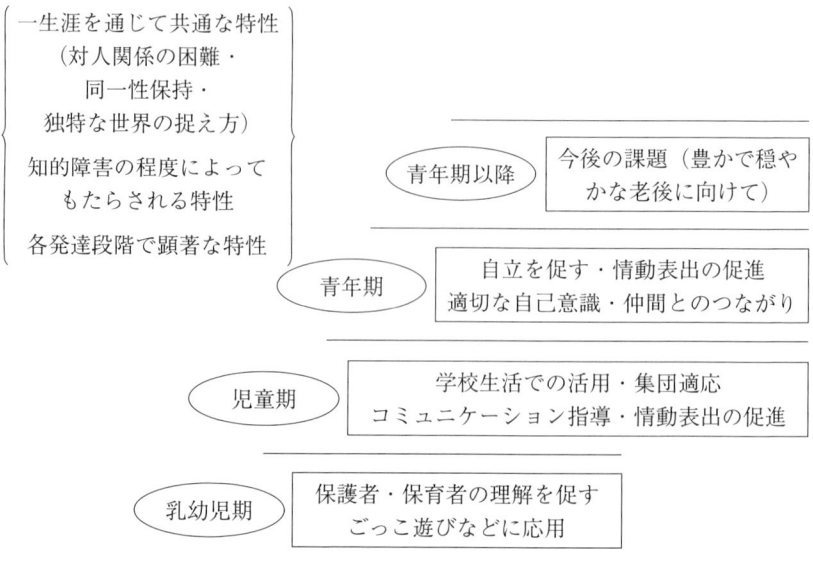

図 1-2 生涯発達援助の視点からみた発達障害者への心理劇的方法の発展

第 4 に，高機能自閉症者やアスペルガー障害者が日常生活だと教育的に注意せざるを得ないことを行っても，心理劇の場ではファンタジーの世界として許し，のびのびと表現させることを留意した。しかし，そのときには思わぬ形で日常生活において不適切な行動が生起するなどの行動化（アクティング・アウト）には注意した。

④ 心理劇の活用

対象者は児童期から青年期の広汎性発達障害児・者だが，支援者は彼らがどのように今まで育ってきてこれからどのように成長していくかという生涯発達観を持たねばならない。過去の問題については事実を変えることはできないが，心理劇の場面という体験的現実により心理的な事実を修正することはでき，そうすることによって今までフラッシュバックに苦しめられていた対象者が落ち着くこともあった。さらに未来への不安も，心理劇の中で取り扱うことによって現実的にイメージしやすくなり，不安を軽減することが可能になった。これらの結果をまとめた生涯発達の視点を持った心理劇の活用モデルを図 1-2 に示す。

⑤　今後の課題

一方でこの方法の独自性ゆえに適用上の限界もある。このことを敢えて明記することでむやみに適用されることの危険性を論じたい。

第1に，彼らの情動・認知の独自性を見間違えると逆効果となり，心理劇の場で心的外傷を作ってしまうことすらある。これらの危険性を支援者は十二分に認識した上で適用しなければならない。したがって対象者への理解と信頼関係を築いた上での適用が必要である。

第2に，短期間の適用では効果が認められず，心理劇の意味が十分伝わらず逆効果になる危険性がある。我々の臨床研究においてもはじめに半年や1年は対象児・者はただ無表情に参加していることも多かったが，その彼らがある劇を境に「生き生きした情動表出」を示した例はいくつもあった。したがって，時間がかかることは適用上の限界である。

第3に，心理劇では，集団心理療法というように原則として対象者だけでなく治療者も複数必要となる。その複数の治療者は主治療者である監督を中心に対象者の補助自我として，それぞれが連携をとって関わっていかねばならず，これがこの技法の特性でもあり，第3の限界でもある。

筆者らは1990年はじめから「想（おもい）から現（うつつ）」を体験できる場として，青年期の自閉症者に対する生涯発達援助のひとつの方法として，心理劇は有効であると考え施行してきたが，本著では前著に続いて特に情操を育む支援法としての心理劇の実践を紹介していく。また，前著で課題として残った点についてその改善策をも紹介する。

2. 前著『発達障害のための心理劇』の反響より

前著刊行後，様々な方から御連絡をいただき，中にはそこで初めて知り得た歴史的事実があった。また，感想やご意見によって新たな刺激を得た。本節ではそれらの一部を紹介したい。

2.1 成瀬悟策先生からの手紙

髙原の九州大学大学院教育学研究科における山下功教授退官後の指導教官は大野博之教授であった。大野教授の恩師，つまり筆者の恩師の恩師である現九州大学名誉教授 成瀬悟策先生からお手紙とモレノが書いたドイツ語の著作 Gruppenpsychotherapie und Psychodrama（1959）をいただいた。成瀬先生は催眠の研究者であり，動作法や心理リハビリテーションの技法を確立し発展させた方としてご存じの読者も多いと思われる。実は先生は，サイコドラマ（日本語で心理劇）の創始者であるモレノ氏との親交が深く，サイコドラマが日本に入ってきた当時からその技法に親しんでいたとのことであった。

以下に成瀬先生よりいただいた筆者への書簡の一部を先生の承諾を得て引用させていただく。

「発達障害のための心理劇」御出版おめでとう。

障害児に対する長年の心理劇による研究成果は，これからの重要なこの分野の先駆けになるでしょう。この研究をさらに発展させながら，心理劇から見た発達障害の基本的な問題，できればその本質的な問題点にまで論究されることを期待しています。

もしも，J. L. モレノが生きていて，この研究を聞いたらどんなに喜ぶことでしょう。というのは，モレノとは1950年ごろから親しく文通しており，1961年ニューヨークへ留学していた時には何度も彼のNY劇場で心理劇にもメンバーとして参加しました。

九州大学に来る以前，松村康平さんと水島恵一君と私の3名が中心で，学校の先生や鑑別所の人達とで心理劇の研究会をしており，その状況を彼（モレノ）に報告していた関係で，NYでは彼特有の大げさな歓迎をしてくれたというわけです。

モレノの弟子でカンザスのVAホスピタルにいたアメリカ男性[*1]と仲良しになって，そこでも心理劇を何回もやっていた関係で，私が九大に移って2年後く

[*1] 上述のアメリカ男性の名前はレオン・ファイン氏であった。本著の執筆者の一人である金子は，成瀬教授の招きにより太宰府病院でファイン氏が監督として行った心理劇のワークショップに参加し，主役を演じた。なお，ファイン氏の奥方は日本人であった。

第1章　発達障害のための心理劇とは　　　　　　　　　　　17

らいに私のところに訪ねてきたので，福岡を中心に，九大，福教大，いくつかの中学校をはじめ，精神科の病院などで心理劇の研修会を開いて彼の旅費を作ってやったりしました。私自身は九大で時々心理劇を授業でやっていたりしましたが，動作法が多忙になってからはあまり熱心でなくなりました。隔年に出講する大分大学では4日間全日を心理劇ばかり実技するという集中講義を2～3回試みましたが，その際金子進之助君をはじめ大分の臨床心理関係者も多数参加していたので，それがいくらかこの地に残ったようでした。

　東京では学校教育で生徒指導のためのものをやっていたのに対して，九州では心理療法として発達しました。九州ではモレノ直伝の劇がそのまま導入されたことと，それを迎君が本気で心理療法として経験を重ねたためということでしょう。（以下略）　　　　　　　　　　（書簡文中，一部を引用。注は引用者による）

　以前，心理リハビリテーションキャンプでご指導いただいたときに，「心理リハビリテーションキャンプでの集団療法は，サイコドラマの考え方も入っているんだよ」と成瀬先生からうかがったことがあったが，これほどまでに筆者が今行っている活動の元となっているとは思わなかった。

2.2　山下功先生より教えていただいたこと

　山下功 元九州大学教授は，1957（昭和32）年当時九州大学医学部小児科の助手であった。そこでの小児科教室の教授が遠城寺宗徳教授であり，遠城寺教授の下で遠城寺式乳幼児発達検査の最初期の作成に携わっておられたことは知っていた。前著刊行後，山下先生から次のようなことを教えていただき，資料をいただいた。それによると遠城寺教授は昭和16年，ウィーン大学医学部小児科に留学した。そこでハンス・アスペルガー氏とともに働いていたことがあったとのことであった。「同教室にはHeilpaedagogische Abteilung[*2]があり，Dr. Asperger が主任で一生懸命やっていた。小児科にこの種のものをもっておるのは当時欧州ではここ一つであるとのことだった。私はこの方面にも関心があったので，Wien 附近の施設を機をみては，みてあるいた。Hilfsschule[*3] というのはオーストリア

　　＊2　治療教育部
　　＊3　補助学校（今の特別支援学校）

がそもそもの始めだということであった。これらの施設をもみてあるいた。これが帰国後，教室に治療教育部を開設し，心身遅滞児の教育に興味を持ちだした基礎になったのである」(九州大学医学部小児科蔵，遠城寺宗徳教授業績記録より抜粋)。

『総説アスペルガー症候群』(山﨑晃資 監訳，2008)のはじめにアスペルガー教授の娘マリア・アスペルガー・フェルダー博士によるあいさつが記載されているが，それにも上記内容と同様にウィーン大学小児科病院での治療教育学のことが「(父は)"Heilpaedagogik"部門のチーフとしての仕事を通じて『自閉的精神病質』という新語が編み出された」とある。

また，山下先生より，遠城寺教授はアスペルガー教授のことを「まじめで物静かな」研究者であったと語っていたとのことであった。

このように九州大学ではかなり早い時期からアスペルガーによる自閉的精神病質の概念が入ってきており，また共有される雰囲気があり，ウタ・フリスやローナ・ウィングによる欧米圏でのアスペルガー概念のリバイバルの前でも彼のことは十分話題になる素地があった。筆者も約20年前の修士論文執筆の折にアスペルガーの「自閉的精神病質"Die 'Autistischen Psychopathen' im Kindesalter"」を読む機会に恵まれた。

以上のように，前著を書いた時には知らなかった様々のいきさつを前著の刊行により知ることができた。前著の結論の154ページで，「自閉症という概念が児童精神科医カナーによって提唱されたのが1943年，アスペルガーという概念が小児科医アスペルガーによって提唱されたのが1944年であり，日本で最初に自閉症の事例発表が行われたのは1952年である。一方で，モレノがサイコドラマという治療技法を開発したのが1911年(確立したのは1940年代といわれている)，さらにサイコドラマが日本にもたらされ心理劇という呼び方で定着していったのが1960年代からであった。20世紀の半ばには，両者(自閉症・アスペルガーの考え方や，心理劇という治療技法)とも我が国にもたらされていたにもかかわらず，両者は全く相容れない対象と治療技法として，交わることがほとんどなかった」と書

いたが，それらが重なり合う素地は筆者が学んだ九州の地に根付いていたのだ。先生方や諸先輩方の研究や臨床の積み重ねの結果，たまたま今筆者らがこのような臨床を行っているという偶然であると思われていたことが実は必然であることを知りこのようなゆかりある場で学んだことの幸せを感じている。我々は，先人たちの積み重ねの上に立ち，さらなる歩みをすべく本著を刊行した次第である。

2.3 心理劇や発達障害研究の専門家よりいただいた感想やご示唆

(1) 日本心理劇学会前理事長であり，ルーテル学院大学 増野肇教授による書評（精神療法 第34巻第1号より一部引用）

　現在は，発達障害の人達，とくにアスペルガー症候群などの高機能自閉症がかかわる問題が多発し，彼らへの援助の必要性が増してきている。どのような形式が適しているかということも興味があるが，第4章［引用者注：前著第4章 69～114ページ］で示される事例では，心理劇を続けていく中でこだわりがとれてきたり，交流が生まれてくるプロセスが詳細に報告されていて，心理劇の効果が理解できるだけでなく，情報を適切に処理できないこの人たちの生きづらさも伝わってきて理解を深めるだろう。
　心理劇の理論やある方法を選択した意味についての説明は必ずしも十分とは言えない。Anziewの「分析的心理劇」の技法等も参考になるのではないかと思われる。人間の感情の理解やコミュニケーションに問題がある人たちにとっても，心理劇が役立つことが理解され，現場で活用される人が増えることになれば，発達障害に悩む人たちにとっても役立つ機会が増えることになるであろう。

(2) 日本心理劇学会常任理事であり，東京家政学院大学 吉川晴美教授による書評（心理劇 12巻より一部引用）

　発達障害という特徴を抱える彼らは基本的には集団のような様々な人の視線やことば，感情がいきかう環境は苦手で，予測のつかない時間，秩序のない騒音で一杯な空間では特に不安で恐怖だったりする。彼らにとって心理劇のような集団の活動には不安や恐怖は生じないのだろうか。

彼らにとって把握のしにくい時間やことばの奥底にある意味，人の心や感情などを，心理劇という独特の仕掛けや個々に応じた工夫を通して学習していくことができるのではないかと期待される。発達障害という前に同じ人間，仲間同士という関係性（信頼性）を築くことが大切で，心理劇はそのような点でも有効であろう。

彼らが演者として表現する世界，感情を理解する手掛かりを得，治療や教育，そして人間関係のスキルの学習，また何よりも人間関係の楽しさを体験することが必要だという考え方には大変共鳴できる。

心理劇を対人関係の発達を促すばかりではなく，人生において自分とは何者であるかを探求するための，すなわち自己実現を促進させる，生涯発達援助のひとつの方法として広く位置づけており，心理劇のまた新たな，広い分野への適用が可能となってくるのではないかと考えられた。

さらに，日本自閉症協会 石井哲夫会長からは「特にアスペルガー障害の就労支援等には必要な技法だと思うので続けていくように」，日本自閉症スペクトラム学会 中根晃会長からは「私は機会あるごとに，自閉症は対人関係の障害，コミュニケーションの障害ではなく，コミュニケーションの下手な人，対人関係が不器用な人だと口にしてきました。心理劇はまさにこの下手さ，不器用さを克服させるための，すぐれて治療的なメソッドだという印象を強く持ちました」というご意見をいただいた他，さまざまな諸先輩方から大変参考になるご意見や感想をいただいた。

一方，特別支援教育に携わる教師や福祉施設の職員からは，より現場で使えるようなマニュアル・技法の開発を望むという希望が数多くあった。

2.4 保護者・学生・クライエントよりいただいたメッセージ

(1) 保護者から

「子供たちの豊かな気持ちに気付き驚いた」，「他のお子さんの心理劇の場面を読み，感動し涙が出た。本当にこのような療育は必要だと感じた」，「自分の子供にも体験させたい。知的なことはできてよく話をするが，喜怒哀楽の理解や表現が乏しいと感じていた。この技法で伸びたらいいと思う」などの感想や要望をいただいた。

(2) 学生たちから

「発達障害の人たちが，こんな風にいろいろと感じ心理劇の中で表現できることに驚いた」，「発達障害の人たちに心理劇を行うときのマニュアルがほしい」，「普通の時はできないことを，どうして心理劇の中ではできるのだろう」などの感想や疑問をもらった。3番目の質問に対する回答については本書の事例や考察をご参照いただきたい。

(3) クライエントから

本書第4章168〜171ページに書いているが，クライエントからも心理劇についての感想や意見をもらっている。

心理劇は，発達障害の本質に迫る技法だからこそ彼らの特性が明確に浮き彫りにされる。発達障害といわれる彼らは，豊かな心の世界を持っているのに，周りに分かる形で表現することができないことが多いが，心理劇を通してそれらの表現が見られるのはどうしてだろうか。それは，心理劇の場がルールと自由を併せ持った心理的に安全な枠があるからであり，そこでは何をしても基本的に許される雰囲気があり，適切な支援と仲間やスタッフの支えがあるからだと前著でも訴えた。この点についても本著ではさらに踏み込んでいきたい。

3. 本著の目的 ──『発達障害のための心理劇』をさらに超えて──

以上，前著である『発達障害のための心理劇』の簡単な内容や，刊行後の反響などについて述べた。本著は前著における考えを基本にしながらも下記の点で新たな知見を示したい。

第1に，年齢や臨床の場など前著にまして様々な心理劇の臨床場面を紹介し，その効果について検討する。幼児期から成人の発達障害児・者に対して行っている情操を育む支援法としての心理劇の実際や心理劇の理論を利用した支援の実際を具体的に示している。

第2に，前著では課題としてとどまっていた点の回答を示したつもりである。例えば，前著では今後施行する時の参考マニュアルとして示すにと

どまっていた内容を，実際に特別支援教育の場で施行したその結果を示し，専門スタッフだけではない状況においても心理劇的方法で支援するためのポイントなども示している．

　第3に，第2章から第4章では前著と同様に事例を多く示し，より具体的に方法や内容を提示している．特に第4章では，同じ場面の内容も異なる立場の執筆者によって書かれている．その違いなども味わっていただきたい．

　以上が本著の目的である．　　　　　　　　　　　　　　　　（髙原朗子）

付記　本章第1節は，前著で金子進之助・楠峰光・髙原朗子が執筆した内容を一部修正・加筆したものである．

文　　献

アミー・クライン，サラ・S・スパロー著，山崎晃資監訳　2008　総説アスペルガー症候群　明石書店
Asperger, H.　1944　Die "Autistischen Psychopathen" im Kindesalter. Archiv für Psychiatrie und Nervenkrankheitem，117；76-136
詫間武元（訳）　1993　Hans Asperger（著）　小児期の自閉的精神病質（前半）．児童精神医学とその近接領域，34(2)；180-197
詫間武元（訳）　1993　Hans Asperger（著）　小児期の自閉的精神病質（後半）．児童精神医学とその近接領域，34(3)；282-301
Kanner, L.　1943　Autistic disturbances of affective contact. Nervous Child, 2；217-250
杉山登志郎　2007　発達障害の子どもたち　講談社
髙原朗子（編著）・金子進之助・楠峰光・池田顕吾　2007　発達障害のための心理劇――想から現に――　九州大学出版会
増野肇　2008　書評「髙原朗子編著　発達障害のための心理劇――想から現に――」精神療法，34(1)；112-113
Moreno, J. L　1959　Gruppenpsychotherapie und Psychodrama Georg Theime Verlag
吉川晴美　2007　書評「発達障害のための心理劇――想から現に――（髙原朗子編著）」心理劇，12(1)；74-76

第 2 章　心理劇の実際(1)——心理劇による療育——

1. 寺子屋さくらでの実践

1.1 はじめに

「寺子屋さくら」とは，児童期の広汎性発達障害児を対象にした療育活動である。活動の概要については，髙原（2007）を参照して欲しい。ここでは，髙原（2007）が紹介した「寺子屋さくら」の心理劇から，その後，さらに検討し，アプローチの仕方を変えた内容について，より詳しく紹介していく。

「寺子屋さくら」に所属している子供たちの多くが，集団生活や対人関係のトラブルを日常生活で抱えている。例えば，ルールを破る友達がどうしても許せずに喧嘩になってしまったり，自分のイメージと集団活動にズレが生じて集団活動から離れてしまう，などである。そのために彼らの多くが，集団での成功体験や受容される体験が得にくい状況にある。そこで「寺子屋さくら」における心理劇は，受容的な雰囲気の中で仲間との体験を共有することを基本とし，①他者理解を促すこと，②感情表現を促すこと，③彼ら独自のファンタジー世界を共有すること，④表現してはならないと思う気持ちの表現と受容される体験を促すこと，を目的としている。また，児童期の広汎性発達障害児を対象としていることからSST（Social Skills Training，社会技能訓練）的な要素を取り入れ「こういう時にどのような気持ちになるのか？」といった社会的文脈や他者理解を深めるための具

体的な場面を設定して展開している。

1.2 方　法
(1) 対象

「寺子屋さくら」の活動の中で，心理劇を行っているのは11名であり，言語会話能力やお互いの相性を考慮し，以下の3グループに分け心理劇を実施している。なお，このグループは当日の参加人数によって，変更することもある。

① わんぱくグループ（男児，5名）：衝動的で一方的ではあるが，他者に対して積極的に関わる子供が多い。また，体を動かす遊びを好むタイプの子供たちである。

② 博士グループ（男児，3名）：特定の分野に対する知識が豊富であり，自分の得意な分野での他者との関わりを好む子供が多い。図鑑を読んだり，恐竜等のフィギュアを作ったりと一人での静かな遊びを好むタイプの子供たちである。

③ お姫様グループ（女児，3名）：それぞれがアニメ（世界名作劇場・少女マンガ）等にまつわる，独自のファンタジー世界を持っており，ファンタジー世界を現実の対人関係の中でも再現するような関わりを好む子供たちが多い。独自のファンタジー世界を再現するような遊びを好むタイプの子供たちである。

(2) スタッフ

各グループにスタッフ2名，ボランティア1～2名が参加している。各グループのスタッフは固定のメンバーで形成されており，1名が監督，1名が補助自我の役割を担う。ボランティアは補助自我として参加している。

(3) 期間・頻度

療育は原則として，月2回日曜日に実施し，心理劇は療育プログラムの中に毎回取り入れられている。1回のセッションは30分程度である。

各セッションは，3グループに分かれて行い，各グループでの心理劇（ウォーミングアップ→劇化→シェアリング）終了後に，全員集合し，一人ひとりがグループでの体験を発表し，シェアリングをする時間を設けてい

(4) 場所

各グループの心理劇は，それぞれの人数に合わせた固定した部屋で実施している。

(5) 心理劇の留意点

心理劇を行う上での留意点を2点あげる。

① 子供たちが，集団から受容される体験ができるように留意すること。

前述したように，集団での成功体験が少ない子供たちが多いため，まず，子供たちが受容され安心できる環境をつくるために，スタッフは子供たちの表現した内容を評価するのではなく，表現できたことを受け入れる姿勢をスタッフが積極的にとるようにしている。

② 視覚教材の利用

広汎性発達障害の子供たちの中には，「みたて」や「ふり」など心の理論に関する能力や雑然とした状況を捉える能力に難しさを抱いている子供は少なくない。そこで，子供たちにとって状況を分かりやすく説明するために，社会的な場面などをアニメーション的に表現されている視覚教材を利用している。なお，視覚教材においてはモノトーンの絵を利用した際に子供の中から「何が描いてあるかよく分からない」との表現があったため，カラーの教材を利用している。広汎性発達障害児の中には，モノトーンの色彩はコントラストが強すぎて視覚的認知が困難である子供たちが存在する。そこで，対象の子供たちの特異的な感覚を考慮して，視覚教材を選択するよう留意が必要である（教材については，第4章1節も参照）。

視覚教材があることで，子供たちのモチベーションの高まりがみられたり，劇場面の状況の理解が促進されている印象がある。ただし，視覚教材があるが故に，子供たちの表現が視覚教材の内容が制限され，自身の体験への深まりが見られにくくなることもあった。そこで，視覚教材の有効的な利用の仕方は今後の課題の一つである。

1.3 心理劇の実際

ここで，子供たちが日常生活の中で表現してはならないと思う気持ちを

表現した，お姫様グループの心理劇を紹介する。

［視覚教材カードのタイトル］分け合うことを学ぼう
心理劇の内容：

　カードを見ながら，実際に自分たちが経験した，友達に分けなかったり，友達から分けてもらえなかったりした体験について話し合った。子供たちは，最初は「そんなこと，したこともされたこともない」と優等生の返答をしていたが，補助自我が自身の体験を発表すると，一人の子供がクラスで共有の電動鉛筆削りを，ある友達が独占し，みんなが待たされて嫌な思いをしたことを発表し，劇化した。1幕では補助自我が他者のことを考えず鉛筆を削る役を行い，子供たちは待たされている子供の役を希望し演じた。子供たちは劇の間，ソワソワしながらも何も言わなかった。シェアリングでそれぞれが「そんなに削らなくていい，1本でいいと言いたかった」，「1本で足りると言いたかった」と話した。2幕目ではそれぞれのシェアリングでの発言を実際の劇場面で表現する場面を設定した。子供たちは口々に「そんなに削らなくていい」などと言っていた。3幕以降はそれぞれの子供たちが鉛筆削りを独占する友達と役割交代を行った。最初は役割交代を嫌がる子供たちが多かったが，補助自我の姿を見ながら，徐々

図2-1　分け合うことを学ぼう

に自ら役割交代を受け入れていった．子供たちが役割交代し，鉛筆削りを独占した場面では，後ろで待っている友達役から「そんなに削らなくていい」などの批判を聞きながらも，急いだり，途中で交代したりすることもなく，黙々と鉛筆を削り続ける友達役を演じた．シェアリングで「鉛筆削っているほうは，うるさく言われてムカついた」．「(1本でいいと)言われたけど，もう終わったよっと言ってはね返した」と表現した．スタッフは感じたことを表現できたことを賞賛し，いろいろな気持ちがそれぞれにあることを確認して，役割解除を行い心理劇を終了した．

1.4 まとめ

お姫様グループの子供たちは，ネガティブな評価を受ける役を演じることは嫌がり，いわゆる「お利口さん的」な発言や役割演技が多かった．このような広汎性発達障害児は少なくないと感じている．日常生活の中で，彼女なりの方法ではあるものの，失敗しないように，責められないようにと気を張って生活をしている彼女たちには，自分の感じた気持ちそのものを表現し，受け止めてもらえる体験こそが重要であると思われる．

また，子供たちが様々な役割を体験できることも重要であると思われる．様々な役割を演じ，それぞれの立場での心の動きを自ら体験できることが，他者を理解することにつながると思われる．

「寺子屋さくら」での心理劇には，視覚刺激を利用し状況理解を促したり，ソーシャルスキルを育むといった療育的な側面と，日常では表現できない感情の表現や受容される体験といった心理療法の側面が必要であると考えている．

〈渡邊須美子〉

文　献

池田顕吾　2007　心理劇治療の実際(1)．髙原朗子（編著），発達障害のための心理劇──想から現に──．九州大学出版会，p43-64

2. 青年学級での実践

2.1 はじめに

(1) 「青年学級」とは

「青年学級」とは，高機能広汎性発達障害を有する青年，成人に対する療育グループである。青年学級の目的は，日常生活上の緊張・不安・ストレスを発散・昇華させ，耐性を強め，社会適応能力を高めることである。活動内容としては，心理療法（集団心理療法である心理劇，個別カウンセリング），学習訓練（読解力，文法理解等国語力の向上を目的とするもの），余暇活動（外食，調理，忘年会など），生産活動（陶芸など）がある。さらに，この療育グループのメンバーは，例年「林間学校」として年1回の宿泊訓練を行っている（第2章5節参照）。

(2) 青年学級における心理劇の位置づけ

心理劇は，青年学級における療育の主たる活動であり，a）対象者の内的世界の客観的把握，b）対人的社会技能の向上，c）言語表出の促進，d）ストレスの軽減，e）より適切な情動表出の促進等を目的にしている。対象者の中には一般就労している者や大学に通っている者もおり，一見してコミュニケーションの困難さが伝わりにくいため，実際の対人関係において独特な表現が周囲に理解されにくかったり，不適切な表現をしてしまったりすることでトラブルになるケースもある。対象者の内的世界を把握し，言語と情動両面において適切な形での表現を促すことは，対象者が日常生活において他者から受け入れられる体験やストレスの軽減につながると考えられる。

心理劇のテーマとしては，i）対象者自身の経験に基づくこと（経験したこと，してみたいこと），ii）ファンタジーの世界（現実には実行できないこと），iii）こだわっていることや気になって仕方がないこと，iv）日常生活の中で悩んでいること，等がある。

2.2 方　　法
(1)　対象

高機能広汎性発達障害者（アスペルガー障害者，高機能自閉症者等）約10名。

(2)　スタッフ

監督1名，補助自我5名前後（療育スタッフやボランティア）が参加する。監督は，心理劇のワークショップ等で訓練を受けた者が行い，定期的に外部講師（臨床心理士）のスーパービジョンを受けている。ボランティアは教育・福祉・心理領域に関心を持ち，研修を受けた者，あるいは研修中の者が参加している。なお，スタッフは心理劇実施後毎回ミーティングを行い，心理劇中の対象者の行動について情報を共有し，支援方法を確認するようにしている。

(3)　期間・頻度

療育は月2回土曜日に2～5時間程度行っている。療育プログラムの例を表2-1に示す。

表2-1　青年学級のプログラム（例）

時　間	内　　容
10：00～	始まりの会
10：15～	心理劇
12：00～	昼食
13：30～	学習訓練等
14：30～	お茶会
15：00～	終わりの会

(4)　場所

知的障害者更生施設A更生センター。

(5)　心理劇・ロールプレイ実施時の留意点

心理劇を実施する際は，ウォーミングアップ→劇化→シェアリングの順番で行っている。ウォーミングアップでは，「自分の名前」と「今の気持ち」についてスタッフを含めた参加者全員が話すようにしている。「今の気持ちを天気に例える」等のテーマを設ける場合もある。対象者は「気持ち」の表現が苦手であるため，なかなか言葉にならない場合や，「いい／悪い」

など端的な表現になってしまう場合が多い。スタッフは，季節の出来事に関連付けて自分の気持ちについて説明するなど，対象者が「気持ち」についてよりよく理解できるよう意識して発言するようにしている。また，具体的な質問をすることで対象者の気持ちを明らかにしていくが，その過程でその日の心理劇のテーマが決まる場合も多い。

　心理劇の中では，参加者の自由な発言や演技が保障されるよう，a）参加については参加者の意思を尊重し，無理強いはしない，b）劇中に他者の批判をしない，c）劇中のことは心理劇の場以外では口にしない，d）対象者もスタッフも心理劇の中では同等の立場であるため，お互い「～さん」づけで呼び合う，e）劇後は役割解除を必ず行う，を約束としている。

(6)　その他

　劇化の際は，基本的にテーマを出した対象者の意向に沿って演者を決定する。役割を依頼された対象者が「難しい」，「今日は気分がよくない」という理由で演じることを拒否する場合は，その意思を尊重する。なお，劇化の希望が多数あった場合は，じゃんけんで決める場合や緊急度に応じて監督がテーマを決める場合がある。

2.3　心理劇の実際

　ここでは，ある日の青年学級の心理劇について報告をする。

(1)　ある日の青年学級の心理劇1：A男（高機能自閉症）の劇

　この日は，A男の希望で「家族で秋田に旅行する」というテーマで心理劇を行う。A男はA男自身，他の対象者は観光客もしくは観客として参加する。

　秋田に行くために，飛行機に乗る，湖へ行く，買い物をする等の場面があったが，A男はそれぞれの場面で良い表情を見せる。

(2)　ある日の青年学級の心理劇2：B彦（アスペルガー障害）の劇

　この日は，ウォーミングアップで皆の夢についてミーティングを行った。B彦は希望の夢として「トレジャーハンター」をあげ，劇化を希望する。

　劇では，トレジャーハンターのライバルである悪役ベーダ・モリアーティ役を演じる。トレジャーハンターから宝を奪い取ろうとするが，最後は山

図2-2　トレジャーハンター

が崩れて死んでしまう，というストーリーである．B彦は最後の場面では転がりまわり，廊下にまで転がり出て行くという熱演をする．B彦が廊下に転がり出たところで終了する．シェアリングでは，「悪いことをやってすっきりした」と表情がよい．

(3)　ある日の青年学級の心理劇3：C矢（高機能自閉症）の劇

この日のウォーミングアップで，C矢は「日曜日までに仕上げなければならない絵のことが気になる」と述べ，劇化を希望する．

劇では，C矢が机に向かって絵を描いている場面にスタッフが演じる友達が「一緒にテレビを見ようよ」と誘いに来るが，C矢はいらだった声で「ビデオ見られん．お絵かきが忙しい」と返事をする．その後，スタッフ演じる施設の指導員の声掛けで就寝する．その際「明日はきっとできあがるから」と言われ，監督にも「（劇の中で）絵を完成させたい」と語るが，絵が完成しないまま劇は終了する．C矢は「やっぱり日曜日になって絵が完成しないと」と言う．シェアリングでは，「がんばっている姿がすごいなと思いました」，「日曜日までにはきっとできあがるから大丈夫だよ」と励まされ，頷く．

(4)　ある日の心理劇4：D介（アスペルガー障害）の劇

D介の希望で，「野球関係者のトラブルをテレビで見てブーイングをしたところ，弟や母からうるさいと言われた場面」を劇化する．

1幕目では，D介が自分自身を演じ，実際の場面を忠実に再現する。母役と弟役は，D介が指名したスタッフが演じる。また，テレビ役として他の対象者が自発的に名乗り出る。

2幕目では，監督が母や弟へのロールリバースを提案するがD介はそれを拒否する。そのかわり，テレビ役となり，テレビの視線で自分役を見つめる。D介自身はスタッフが演じ，その他の配役は1幕目と同様である。

3幕目ではD介をD介自身が演じ，スタッフが補助自我を演じる。D介は補助自我とともに母，弟と向かい合い，自分の思いを伝える。母，弟に対して場所をわきまえてブーイングしていること，声は出さずに身振りのみにしている時もあること，母や弟が言うことも分かるが無意識に行動してしまう場合があることを伝える。

2.4 まとめ

2.3で紹介した各事例における心理劇について，2.1(2)で説明した心理劇のテーマに沿って述べる。詳細な事例は第4章にゆずり，ここでは簡潔に述べる。

A男の心理劇は，ⅰ）A男自身の体験に基づく心理劇である。A男は心理劇のテーマに「家族旅行」をあげることが多い。A男は会話が可能であるが，普段は早口で声が小さいために非常に声が聞き取りにくく，表情の変化に乏しい。そのため会話だけでA男の日常体験や，気持ちを理解することは難しいが，心理劇の中ではA男が興味を持っていることや楽しいと感じていることが周囲にもよく理解できる。同時に，A男は心理劇の中で楽しかった出来事を再体験していると考えられる。

B彦の心理劇は，ⅱ）ファンタジーの心理劇である。B彦はゲームが好きであり，劇化した「トレジャーハンター」もゲームの話である。B彦は，普段は感情を言葉で防衛することが多く，感情をストレートに表現することは少ない。しかし，この回は劇で主役をつとめ，生き生きとした感情を劇の中で表現した。心理劇という場がB彦にとって安全で自己表現を保障された場だからこそ，このような表現が可能になったと言える。

C矢の劇は，ⅲ）こだわっていることや気になって仕方がないことに関

する劇である。C矢は、「書く／描く」作業に関する強迫性を有している。劇で表現された「絵が完成しない」理由も、色の塗り方等細かい部分に関するこだわりが関係していると考えられた。このようなこだわりは不安や緊張が高まる原因となりやすい。劇では結局絵は完成しなかったが、絵が完成しないことへの不安を表現できたこと、不安が受け入れられ励ましてもらえたことが、C矢の不安の緩和に役立ったと考えられる。

　D介の劇は、iv）日常生活の中で悩んでいることに関する劇である。D介にはひいきにしている野球チームがあり、そのチームについて気に入らないことがあると、いらいらしたり激しい言葉づかいをしたりするために、日常的に周囲から叱責されることが多い。D介にも言い分はあるがそれを聞いてもらえていないという思いが強く、不満が蓄積されやすい状態にある。劇では、補助自我の助けを借りて自分の言い分を母、弟に対して説明ができたことで、気持ちを整理することができたと考えられる。

　以上、青年学級における心理劇の一部の事例を紹介した。青年を対象とした心理劇では、対象者自身が様々な思いを持って劇化を希望する。監督はその思いを丁寧にくみ取り、劇化につなげていくことが重要である。さらに、対象者単独では自分の思いを十分に表現することが難しいので、スタッフが補助自我の働きを果たすことが欠かせない。対象者の日常生活情報に基づいて、監督と補助自我が連携し、劇化のプロセスにかかわることが重要であると考えられる。

　最後に、青年学級での心理劇はスタッフに対してだけでなく、仲間に対する表現の場であり、仲間とともに自己や他者に関する様々な気づきを得ていく貴重な場であることを申し添えたい。
〔中村真樹〕

3. 桜花塾での実践

3.1 はじめに

「桜花塾」とは、中学生から大学生といういわゆる思春期を迎えたアスペルガー障害児・者に対し、具体的な科目活動を含む自己修養型の訓練合宿

を試み，非社会的傾向の是正と健全な人格育成を図ることを目的とした訓練キャンプである。「桜花塾」では，茶道，道徳，武道等の科目活動を実施し，それらの活動にチューターと呼ばれる個人教授とともに参加，チューターの動作を規範として行動することが求められる。

3.2 方　法
(1) 対象児・者

中学から大学までのアスペルガー障害児・者。1回の合宿は対象者を4名前後に絞って実施している。参加者は全員男性。

(2) スタッフ

毎回10名前後のスタッフが参加，それぞれのスタッフが交替で科目活動の師範や個人教授であるチューターの役割を担う。心理劇を行う際は，この中の1名が監督を，その他のスタッフが補助自我を務めた。

(3) 時期・場所

年に1回，4DK程度の民家やそれよりも広めの宿泊施設で実施した。

(4) 心理劇の実施方法

「桜花塾」における心理劇は，訓練合宿の最後のプログラムとして必ず実施し，合宿全体のまとめ，対象者の自己評価，クールダウンの場として位置付けている。自己修養型の訓練合宿の全体のまとめ，自己評価という意味合いから，劇のテーマは，「将来の自分について考えよう，こうなりたい自分を表現したり，やってみたいことを表現したりしよう」と働きかけるようにした。監督1名，その他のスタッフ4～8名が補助自我として参加し，ウォーミングアップ→劇化→シェアリングの流れで約1時間程度行った。心理劇を実施する際の留意点として，a）参加の意思を尊重する，b）劇中で他者の批判をしない，c）劇中のことはセッション終了後口外しない，d）対象者もスタッフも心理劇の中では同等の立場であることを確認するためにお互い「～さん」づけで呼び合う，e）劇後は役割解除を必ず行う，を基本的な約束事とした。

3.3 心理劇の実際

ここでは，「桜花塾」の中で実施されたある日の心理劇を紹介する。

(1) そら男（男性　アスペルガー障害　大学生）主役の劇　テーマ：宇宙コロニーに行く

そら男は「将来」という言葉から，スペースコロニーを旅行して地球を眺めたいと言う。自分で自分の役を演じることを希望し，また合宿中本人の担当チューターであったスタッフに旅行の同行者の役を依頼する。そら男からスペースコロニーの場面状況を詳しく聴き取った後，劇を開始。

宇宙旅行者としてスペースコロニーにやってきたそら男は旅行同行者役の補助自我と共にコロニーで買い物をしたり，タクシーに乗ったりする演技を行う。さらに，コロニーの住民（補助自我）と出会い，「コロニーは人工的な自然ばかりだが，地球はどんなところですか？」と聞かれると，「地球は海があり，雷など自然現象があります」と答え，さらに「今度一緒に地球へ行き，海を見に行きましょう」と述べて，住民役と握手をしたところで監督が劇を終了した。

シェアリングでは，「コロニーは人間の作ったものとは思えなかった」，「住むところが違えば，憧れも違う」と述べた。さらに監督から，地球のことをどう思ったかを聞かれると，「地球には人間が手を入れていない美しさがある」と答えた。また，監督が参加者全員に「地球の良さが分かった人」という問いかけをすると，そら男も挙手していた。

(2) げん太（男性　アスペルガー障害　中学生）主役の劇　テーマ：原始人になって狩りをする

げん太は，劇を始める前から「弾けまくっている自分を見せたい」と発言していた。また，今回は過去のこと，昔の自分はどうだったのかを演じたいと言い，原始人になって狩りをする場面を主役として演じることにする。自分の兄役には，自分より年上の他の対象者を指名，監督が状況を確認すると，「場所は日本ではなくヨーロッパ」，「ピストルはまだ無い時代で，斧や弓を持ってハンターとなり狼狩りをする」と述べ，場面設定も自分で詳細に決めた。

劇が始まると表情良く嬉々として演じた。途中，兄役が傷を負うと「大

図2-3 兄弟愛

丈夫？ しょうがないな，薬を塗ってあげよう」と言い薬を塗る演技をした。マンモスや恐竜，狼など様々な動物が出てきて兄弟で逃げたり，助け合ったりする場面が展開され，最後には，狼を捕まえることができた。劇中，げん太は，狩りをする演技をオーバーなほどの動作で行い，それに関連する発言も多く，劇後は息が上がっていた。

シェアリングで監督から兄はいつもおっとりしているのか問われると，げん太は「いつもは，兄は狩りの腕がいい，5匹も捕まえることができた」と褒めた。また自らは「弾けまくっているようにした」と言い，満足そうな表情で動物役の人の感想を聞いていた。

3.4 まとめ

「桜花塾」における心理劇は，支援を受けるというよりも自らの力で困難に打ち克っていくことを目的とした自己修養型の訓練合宿の最後のプログラムとして実施され，対象者も4名前後と少ないことが特徴である。

ここで紹介した2つの心理劇は，両方とも本人たちのファンタジーの世

界を表現していると言える。しかし，そら男の劇におけるコロニーの住人役とのやりとりやげん太の劇における兄への気遣い，あるいはいずれの劇も主役と協同する他者の存在を求めていること等をみると，このファンタジックな話の中にこそ，他者と上手く関わりたいという彼らの欲求が反映されているのではないかとも推測できる。彼らにとって安心安全な場で，自らのファンタジーの世界を自分らしく表現し，他者と協同することは社会との接点をつけていくための一助になるのではないだろうか。

　また，主役が指名した自分と協同してくれる役（そら男の劇では旅行同行者役，げん太の劇では兄役）は，そら男では2泊3日自分の担当であったチューターであり，げん太では共に過ごした年上の対象者であった。これは，自己修養型という本人たちにとっては，普段と比べるとハードな生活を共に過ごし乗り越えた他者に対する心理的距離の変化を示すものではないだろうか。

　従って，自己修養型の訓練合宿の最後のプログラムとして実施される「桜花塾」の心理劇は，他者との関係を発展させる場，合宿の中で深まった他者との心理的距離を確認する場になると考えられる。

（池田顕吾）

4. 福祉施設での実践

4.1 はじめに

　ここでは，知的障害者通所更生施設Z更生センターでの実践について紹介する。ここには毎日40名の知的障害者が通所して，生活指導，学習指導，作業指導，文化活動指導など種々の活動を通して訓練を受けている。心理劇は，学習指導の中で社会適応訓練として位置付けられ，対人関係の改善・社会的マナーの習得，感情表出能力の向上，利用者自身の意思の明確化などを図ることを目的とし導入されている。

4.2 方　　法

(1) 対象

　ある程度会話可能な自閉性障害者および知的障害者，もしくは重度の知的障害者。また，会話があっても自己表現できない利用者とある程度他者の言うことを理解している利用者。これらの対象者を障害の種別ではなく，言語会話能力を基に2グループ（A・B）設けている。1つのグループAは，知的には中・軽度で，7名。もう1つのグループBは，知的には中・重度で6名。両グループとも自閉性障害者と知的障害者などの異障害混合グループとなっている。自閉性障害者にとって知的障害者は彼らの行動のモデルになることを期待されている側面もある。

(2) スタッフ

　同じ時間帯に他の療育活動も行っていることから，通常は監督1名，補助自我1名である。監督は心理劇の研修を受けている者が行い，補助自我も心理劇の研修を受けているまたは興味のあるものが担当している。

(3) グループ構成・期間

　2つのグループは年度の初めにそれぞれ対象者を決めて行う。基本的に1年間は同じ対象者で行っている。他療育との兼合いで，1グループ1ヵ月に2～3回，2グループ隔週の交代で行っている。1回1セッション。1セッション1～1時間半。

(4) 場所

　実施場所は施設内の一室を使用している。10名前後の人数が円になって椅子に座れる程度の部屋である。他の療育活動との関係で使用できる部屋に制約があるが，多少狭さを感じても，広いものとしてイメージするなど心理劇の特性を生かして部屋を使用している。

(5) 心理劇的方法の留意点

　普段は「○○先生」と呼ばれている心理劇スタッフも，心理劇場面では，「○○さん」と呼ぶようにし，感情を表出しやすい環境にしている。

　心理劇場面で出た話は，ここにいる人だけの秘密とし，心理劇終了後は一切話題にはしないことを約束事としている。

4.3 心理劇の実際

知的障害者（以下，MR者）〈A彦，B介，C子〉，発達障害者（以下，PDD者）〈D昭，E雄，F男，G太〉。

なお，F男は自閉性障害，G太はアスペルガー障害と診断されている。

ウォーミングアップで，フルーツバスケットをした後に，「最近のこと，夏になったらしてみたいこと」などについて話し合った。指導員が話した，昨年行った滝めぐりの話に，対象者の関心が集まったことから，劇化することになった。

滝に入りたい・見に行きたい人の役と，滝・水の役の2つに分かれることになった。それぞれのグループで，それぞれどんなことをするのか簡単に打ち合わせをした。

(1) 劇化　第1幕

劇が始まると，滝役のB介・C子・D昭・補助自我は，「ザーッ」と言ったり，唇を振動させて水が流れる音を出す。また両腕を上げ下げして，滝の水が落ちていくところを表現する。そこへ，人役（A彦，E雄，F男，G太）がやってくる。F男は，水を手ですくって顔や首に水をつけたりする。A彦は，手を水につけ，「冷たい」など言っている。そこへG太が，「あ，

図2-4　涼しいかな？

ボートがある」と言い，ボートに乗り出す。そのうち補助自我が，滝の水を飲もうと「コップ，持ってきた？」と尋ねるとA彦がコップを皆に配ってまわる。その後，皆，コップに水をすくって飲む。A彦が「すごいね，滅茶苦茶冷たいよ」と言ったり，「冷たいね」など皆言ったりしている。補助自我が，「岩めくったら何かいるんじゃない」と言うと，A彦が「あ，おるおる」と言い，続いてF男が「カニ」と言い，カニを取りをはじめる。G太は「ヤドカリもおる」と言う。また，ヘビが出てきたりすると，滝役のB介が「ここでは生き物を採ってはいけません，罰があたります」と言う。滝役の補助自我は「涼しくなったかな」とつぶやく。人役の補助自我が「寒くなったね」と言うと，A彦は「風邪引きそう」と言う。ここで劇を終わりにする。

　(2)　シェアリング

A彦：顔洗ったり，水飲んだり，はじめて滝を見たから水のかけ合いっこもした。

B介：みんな，大きな石をどうにかしてカニを採ったり，僕は滝だったけど，立て札とか立てて，声を出して，採ってはいけませんと言った。

C子：滝の役をしました。みんな楽しそうにしていました。

F男：川の中に魚とか。水につかって，飲んで，顔洗って，カニを見たり，楽しかった。

E雄：よかった。

G太郎：とてもきもちよかった。カニやヤドカリが見れてよかった。

D昭：滝の役をしてとても凄かった。見て喜んでいた。

　(3)　劇化　第2幕

　次は，人役と滝役が交代して同じ場面を行うことになる。A彦が，「勢いのある滝」にしようと言い，滝役は勢いのある滝を演じることになる。

　補助自我が「何か涼しくなってきたよね。流れが速くない？」と言うと，C子が同調する。A彦は，椅子に上がってはすぐに軽くジャンプして下りて動き回り，水の流れが速い滝を表現している。F男もG太もA彦と同じように椅子から降りて小走りするのを表情よく繰り返している。B介は，「滝すべりしよう」と滝すべりをする。補助自我とB介が，「すごい流れだ

ね，おもしろいね，上に行ってみようかな」，「気持ちいいな，冷たくなってきたね」，「水しぶきが気持ちいいね，飲んでみよう」，「冷たいね，冷たい」など会話している。そばにいたC子は，「ぎゃー，うわー。水しぶきが。流れが速い」など興奮している。A彦は，E雄に同時に椅子から下りようと声をかけ，顔を見合わせ，タイミングを合わせ一緒に下り，滝の水を表現している。

補助自我が「この水飲めるかな」と言うと，B介は「飲んでみよう」と言い，C子「さっきより冷たいよ」と言う。

(4) シェアリング

A彦：流れが速くて，ちょっと困ったんじゃないかと思った。
B介：滝すべりもすごいスピードで。石が転がるくらいの滝の強さだったのでびっくりした。
C子：さっきより流れが速すぎて，いろんなことして遊んでたんだけど，ボートに乗ったりして遊んでたんだけど，流れが速くて，流されるかと思った。
D昭：水に入ってとても気持ちよかった。滝を見てとてもすごかった。
E雄：とてもよかった。
F男：流れが速くて，椅子に上ったり下りたりしてけっこう大変だった。滝が流れるところをよくできました。
G太：とても気持ちよかったです。とても勢いのある滝でした。

4.4 まとめ

ここでは，福祉施設における心理劇の特徴の一つとして，グループの構成が異障害混合であることから見られる，MR者からPDD者への働きかけが見られる心理劇を紹介してみた。

MR者のA彦やB介は，滝の水の流れに変化をつけて表現したり，水の流れを発達障害者に働きかけたりしている。また，補助自我の働きかけにも反応が早く，また劇の展開をリードしているところがある。それに対し，PDD者のF男やG太は，演技それ自体は独自の表現で，他者との関係をそれほど求めない演技であったり，MR者のA彦の演技を真似ながらその演

技を楽しんでいたり，E雄は，A彦から直接促され滝から落ちる水を一緒にしていたりと，MR者の動きや直接的な関わりから出てきた演技が見られた。また，第2幕の劇でのF男のシェアリングでの発言からは，MR者の動きに合わせようとしていたことが感じられる。

このような点からみると，心理劇中のPDD者の言動の中には，独自の表現も見られるが，共感性が高く指向性が多様であるMR者の言動により促されて出てきたところがあり，このことはMR者がPDD者の行動のモデルとなることがあることを示している。

（松井達矢）

5. 林間学校での実践

5.1 はじめに

林間学校は，高機能広汎性発達障害者を対象に，自立，自助の生活訓練および教育的働きかけを通してその健やかな心身の発達を図り，社会適応力を高めることを目的とした2泊3日のキャンプであるが，その中のメインの療育として心理劇を実施している。

この心理劇への参加者は，主に青年学級（本章第2節参照）に在籍する青年たちであるが，いつもの場所を離れ，日常とは違った心持ちで参加するこの心理劇は，青年たちにとって大きな意味をもつ。

5.2 方　法

(1) 対象

主として青年学級に在籍している高機能広汎性発達障害を有する青年たち。年齢は20代から30代の青年10数名（登録17名）。

(2) スタッフ

通常の青年学級スタッフ4名，心理劇経験がある施設指導員数名，心理劇を学ぶ大学院生ボランティア10数名，監督1名。

(3) 期間・頻度

年に1度の林間学校（主に夏期，1～2泊）において，2～3セッション

の心理劇を実施。1日1回約90分のセッション。
  (4) 場所
  宿泊施設内の心理劇実施にふさわしい広さの部屋。
  (5) 心理劇実施時の留意点
  林間学校における心理劇の参加者は，青年学級に在籍する同じメンバーであるが，年に1度であること，場所が違うこと，参加人数全体が多いことなど，普段とはずいぶん違う環境下で心理劇が実施される。そのためか，参加者の中には林間学校で実施したい心理劇のテーマや内容をずっと以前から考えてスタッフに要望してきたり，普段の青年学級では促されても劇化を希望しない青年がそれにチャレンジしたりするなど，その意味合いが特別視されていることが分かる。
  このようなことから，林間学校における心理劇の実施においては，以下のようなことに留意することがポイントであると考える。
- 日頃の青年学級では取り扱ったことのないテーマや，より深くつっこんだ内容について劇化することを想定して心理劇のテーマを選定する。
- 1セッションでクローズするのではなく，林間学校中に2〜3セッション継続してテーマを取り上げることも視野に入れながら心理劇を展開する。
- 資質・能力が高いボランティア参加者の特長を十分に活かすよう努める。青年学級に在籍する青年たちにとっては初対面の参加者も多いことから，何でも言え安心できる雰囲気が脅かされることのないよう特に配慮する必要がある。

5.3 心理劇の実際

(1) A男の心理劇
  重度の自閉症の弟が気になる青年A男（自閉症）から「みんなに自分を励ましてほしい」と申し出がある。
  監督が今の状況や気持ちを確認していく中で，当初はみんなからの励ましだけを希望していたA男が，監督の促しに対し「劇してみようかな」と，これまでの青年学級においてもほとんど取り組んだことのない劇化の意思

表示をすることとなった。

　まず，薬のコントロールが効かず3ヵ月間の入院中である弟（本人談）が「落ち着くようになってほしい」，「家に帰宅できるようになってほしい」というA男の気持ちを確認する。

　そこで，1幕では父母本人が弟を迎えに行き，家に帰宅する場面を劇化する。A男本人は弟役となり，父母役に青年学級のメンバーを，また兄（A男）の役に1名のボランティアスタッフを指名する。劇は，父の運転で弟を迎えに行き家に連れ帰ったが，母に「ごはんよ」と呼ばれても父親を連れ出し車でのドライブを強要する弟を演じる行動に出た所で1幕を終了する。

　次に，家族を振り回す弟は実際には「よく怒られる」というA男の発言から，弟の行動を叱る場面を2幕で劇化する。ご飯を食べ終わったあと，弟役の本人（A男）は，ドライブを強要したり家中の電気を消して回ったりするこだわりを演じる。しかし，A男は父母や兄からこだわり行動を大きな声で叱責されると，結局はみんなの促しや指示にしたがってしまって

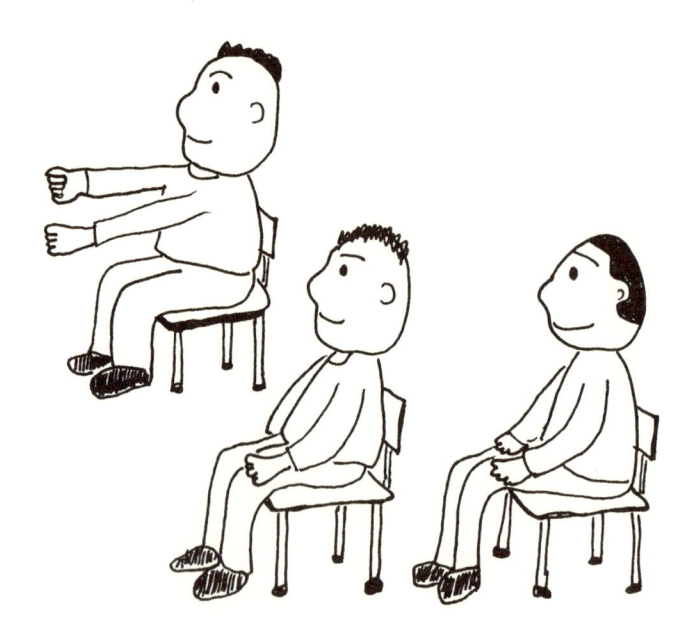

図2-5　励ましてほしい

いる弟役を演じていた。
　最後に，Ａ男本人から弟が入院先へ帰る場面をやりたいと提案があり劇化する。監督は，Ａ男に了解を取り，兄役から弟に対し「がんばれよ」と声かけをする場面を演出したところ，弟役のＡ男は，「言うことを聞いておりこうにするんだよ。がんばれ」という兄役の呼びかけに対し素直に「うん」とうなずいていた。兄役は，「弟に声をかけたことで，弟がおりこうにがんばっていくだろうな」と弟が落ち着きを取り戻し，兄は安心できたとコメントする。

　Ａ男は，日頃から弟のことが気になって不安でたまらない状態であるが，これまでの心理劇の機会においては促されても劇化を拒み，まわりの人から励ましを求めるのみにとどまっていた。しかし，この林間学校の心理劇では監督の促しに従って，自らの心の内の表出に踏み切った。

(2)　Ｂ子の心理劇
　Ｂ子（自閉症）は，毎月実施している青年学級の心理劇において意欲的である。そして，林間学校の心理劇に対しても大変強い思いをもっており，やりたい劇の内容を細かく自分で決め，その劇を取り上げてほしいと何日も前から口頭で直接依頼したり，わざわざ電話をかけてきたり，手紙を書いてきたりするほどである。しかも，その劇は同じ内容，同じパターンであり，何度も繰り返し希望するのが常である。
　この日の心理劇では，前々から要求し続けていた通り，本人が１年前に退職してＢ子の元を去った２人の指導員と施設の行事（運動会）で再会した場面を劇化することとなった。
　まず，Ｂ子はＢ子役として６人を指名し（ほぼ毎回Ｂ子役を指名される青年学級のメンバー１人を含む），自分自身は全く関係のない第三者の役をとった上で，ほぼＢ子の事前のイメージ通りに，運動会でダンスを踊っているとき久しぶりに好きな先生が訪ねてきてうれしかった場面を再現する。Ｂ子役と好きな２人の先生が再会してあいさつする場面では，Ｂ子本人は，一生懸命６人のＢ子役たちに出会いの喜びの雰囲気を演出しようとしていた。１幕終了時，Ｂ子は「舞い上がっていたＢ子」と自分のことを表

現した。

　次に，これも本人のイメージに沿って弁当を食べる場面の劇化に進む。監督の「2人の先生に思っていることを言ってください」の促しに対し，「いなくなってさみしくてショックを受けた……」と発言する。

　続いて，運動会というイベントにゲストとして芸能人が来場したという設定で，これまでの役に加え参加者ほぼ全員を巻き込んで歌って盛り上がる場面を劇化した。なお，この時，B子はこれまでの第三者役を離れ，芸能人役に突然成り代わって劇を進めようとしたため，監督が適切に介入する。

　最後に，6人のB子役と2人の好きな指導員が対面してことばを交わす場面を設定する。B子本人は，第三者役をとりながら「家が近いので会いにいってあげたりしないのか？」などB子役の代弁者として話に参加していた。ただ，最終的には，「運動会に来てもらってうれしかった」と喜びの気持ちを表現していた。

　監督は，誰の人生にも必ず人との別れはあることを本人に告げ，別れのショックを誰かに相談できるかを確認したところ，B子は「大丈夫です」としっかり返答し，劇化の感想として，「元気が出て，すっきりした」と笑顔で発言した。

　B子の日常の青年学級における心理劇のパターンでは，いやな気持ちや悲しい気持ち，不安な気持ちを劇の中で少しでも軽減させたいという思いから，それらの負の感情を「倉庫に閉じこめて鍵を閉める」場面が必ず用意されていた。しかし，この林間学校における心理劇ではそのような流れにならず，うれしい気持ちを再現するに終始しているところが特徴的である。自分のもつ負の感情が時間の経過と共に少しずつ軽減され，快感情が大部分を占めた心理劇として成立したことから，このような林間学校の心理劇はB子にとって大変大きな意味をもつと考える。

　　　　　　　　　　　　　　　　　　　　　　　　　　　（田中　聡）

第3章　心理劇の実際(2)
——心理劇的方法を用いた教育・支援——

1. さくら保育園・さくらキャンプでの実践

1.1 はじめに

　「さくら保育園」とは，心身の発達に遅れがあるか，あるいは遅れの疑いがある就学前の子供と母親を中心とする保護者が一緒に遊んだり学んだりすることで，その発達を促進することを目的とする幼児通園事業である。知的障害者施設の地域福祉活動の一環として実施され，通園事業の実施主体である市町村にスタッフを派遣し療育を行っている。「さくらキャンプ」は「さくら保育園」のキャンプとして年1回夏季に実施している。「さくら保育園」の通常の療育では，特に心理劇を導入しているわけではないが，療育の随所でロールプレイング的場面操作による発達支援を行っているし，療育プログラムを進行するプレイリーダー（以下，PL）と補助スタッフの役割は，心理劇における監督と補助自我の役割に似ていることから，その実践を紹介し，保育実践を行うスタッフにとって心理劇的感性を涵養することの必要性を述べたい。また，「さくらキャンプ」では，毎回兄弟児プログラムの一環として心理劇を実施しており，そのことも併せて紹介する。

1.2 方　　法
(1)　「さくら保育園」の通常療育
　①　対象児：心身の発達に遅れがあるか，あるいは遅れの疑いがある就

学前の子供とその保護者。毎回10組前後の家族が参加している。
② スタッフ：PL 1名と補助スタッフ2名。
③ 場所：市町村の保健福祉センターのプレイルーム。
④ 療育の実施方法：療育は，お集まり（挨拶，名前呼び）→リトミック→手遊び→課題→昼食→自由遊び→帰りの会の流れで，約4時間実施される。

(2) 「さくらキャンプ」の兄弟児プログラム
① 対象児：「さくら保育園」の対象児の兄弟児5～10名，年齢は幼稚園年中～小学校低学年が中心。
② スタッフ：監督1名と兄弟児担当のスタッフ，学生ボランティアが5名程度補助自我として参加。
③ 日時，場所など：2泊3日のキャンプの中日の午後，キャンプ地である宿舎の会議室を利用して行った。
④ 心理劇の実施方法：ウォーミングアップ→劇化→シェアリングの流れで約1時間実施した。劇は，毎回「『どこでもドア』で行ってみたい世界に行ってみよう」というテーマで行った。

1.3 心理劇の実際

ここでは，ある日の「さくら保育園」の療育中にロールプレイング的場面操作を行った発達支援の場面と，ある回の「さくらキャンプ」における兄弟児への心理劇の場面を紹介する。

(1) ふゆき（4歳 男児 ADHD）がお名前呼びに応じない場面

「さくら保育園」の療育のお集まり時に名前呼びをする場面で，「ふゆき君はどこでしょう，ここです，ここです，ここですよー♪ ふゆき君」と名前を呼ぶが，名前を呼ばれていることが分かっているにもかかわらず，ふゆきは返事をしない。補助スタッフが「ふゆき君，ハーイは？」，「ふゆき君，それじゃ先生とタッチしよう」と促しても相変わらず返事をしない。その時，プレイルームに入ってきたトンボを見つけたふゆきは，「あっトンボ」とトンボを指差。そこで，PLは「それじゃー，最初にトンボさんのお名前呼んでみよう」と言い，お名前呼びの歌を歌って「トンボさーん」

と呼びかける。更に、「ほらほら、ふゆき君も一緒に呼んでみよう」と声をかけ、PL、ふゆき、補助スタッフも一緒にトンボに向かって名前を呼ぶ。その後、「それじゃ、次はふゆき君の番だね」と言って、名前呼びの歌を歌い、「ふゆき君」と呼ぶと、ふゆきは「はーい」と手を挙げながら返事をした。PLや補助スタッフから「ふゆき君、偉い」と口々に褒められる。

(2) こすもす（4歳　女児）、すみれ（5歳　女児）が希望する「ピカチュウの世界」に行く劇

こすもすはピカチュウ役をしたいと言い、すみれはピカチュウと遊ぶ自分の役をしたいと言う。その他登場するキャラクター、ヒコザルとポッチャマには、補助自我とけんた（7歳　男児）が立候補する。監督がどこでもドアに見立てた暖簾を提示し、手を叩いて劇の開始を宣言すると、子供たちは勢いよく暖簾をくぐり「ピカチュウの世界」に入っていく。こすもすは「ぴかー」と、けんたは「ピカチュウ」と大きな声を出しながら嬉々として部屋の中を走り回る。ピカチュウ役とポッチャマ役は途中それぞれの必殺技を繰り出して戦闘を開始。すみれが、劇開始前にピカチュウと海

図 3-1　トンボさーん

で遊びたいと言っていたことから，監督がタイミングを見計らって「海の波が寄せてきます」と場面設定を行うと，ピカチュウ役のこすもすがすみれを誘い海の中へ入る。ヒコザル役が海の中を泳ぐ演技を始めると，こすもすとすみれは手を繋ぎ泳ぎだす。

シェアリングでは，こすもすは「楽しかった」，すみれは「おもしろかった，ポッチャマとピカチュウとヒコザルがおって（いて）楽しかった」，けんたは「楽しかった，（走り）回って目が回った」と発言する。その後，すみれが「もっと遊びたかった」と言ったので，再度どこでもドアを出し「ピカチュウの世界」を作る。1幕同様全員が役になり，楽しそうに部屋内を走り回っていた。

(3) すずらん（7歳 女児）が希望する「アメリカ」に行く劇

監督がどうしてアメリカに行きたいのかをすずらんに尋ねると「英語で喋ってみたいから」と答える。

すずらんは，キャンプで自分を担当している学生ボランティアと共に未来の道具である「翻訳コンニャク（これを食べておくと知らない言葉も理解できる）」を持ち，どこでもドアをくぐりアメリカへ行く。そこでアメリカ人役を務める補助自我から「あなたの名前は何ですか？」「何年生ですか？」「好きな食べ物は？」等質問され，その質問に少し恥ずかしそうに答える。最後はアメリカ人役から誘われ一緒に自由の女神を見に行き劇を終了する。

シェアリングでは，笑顔で「楽しかった」と話す。

1.4 まとめ

「さくら保育園」の通常の療育活動には，心理劇そのものは導入していないが，療育を進行する中で，ふゆきの事例に示したようなロールプレイング的場面操作を行うことがよくある。「さくら保育園」の対象児は発達障害児が中心であり，必ずしも療育者側が設定したプログラムにスムースに応じてくれるとは限らない。そこで適応できない子供に対し，「できない」という評価をし，注意をする対象にしてしまうと，（療育者が）注意する→（子供は）反発する→（療育者は）さらに注意する→（子供は）さら

に不適応状態に陥る，といった悪循環に陥りやすい。しかし，ロールプレイング的場面操作を行うことで，対象児は適応的に行動でき，周囲の大人からも賞賛を受け，結果的に適応行動が強化される。この時，大事なのはどういった場面操作を行えば対象児が適応的に行動できるか，あるいは場面にはそぐわないけれども対象児が意味のある自発的行動を行った場合，その行動と療育者の意図をどう統合させていくか，をPLは瞬時に判断し，さらに補助スタッフはそのPLの意図を汲み取りながら働きかけるということが求められる。そう考えると，このPLと補助スタッフの役割は，心理劇の監督と補助自我の役割に似ている。従って，保育実践に携わるスタッフの臨床技能向上を目的とした研修にロールプレイングや心理劇を導入し，場面，場面において瞬時に役割演技をする体験を持つこと，あるいは監督体験をすることは意義あることと考える。

「さくらキャンプ」における兄弟児への心理劇では，心理劇終了後に「また心理劇をしたい人？」と質問すると，毎年のようにほぼ全員が「はーい」と手を挙げる。「さくらキャンプ」参加の動機について，保護者から対象児よりも兄弟児が参加したいと言ったからといった意見を聞くこともある。また，キャンプ閉会式後，皆との別れの寂しさから号泣する兄弟児も多い。このように「さくらキャンプ」は兄弟児にとっても意義深いものである。兄弟児はほとんどの子供が，このキャンプが他の子供やスタッフとの初めての出会いだが，想像以上に初日から急速に仲良くなっていく。そして，2日目の午後に心理劇に参加し，子供と子供，子供とスタッフがイメージを共有し様々な役割演技をし，さらには情動を共有することで，それまでのキャンプ場面でのお互いの関係とはまた違う新しい関係を創り出し，お互いの関係をさらに親密にさせているのではないかと考える。　　（池田顕吾）

2. 特別支援学校での実践(1)

2.1 はじめに

熊本大学教育学部附属特別支援学校小学部では，平成X年度からニーズに応じた小集団（社会性，性教育，掃除）の学習が始まり，X＋1年度からは「グループ学習」の時間を設定し，社会性の学習として，リトミックやゲームなどの活動に取り組んでいる。

X年度に社会性を高める学習を設定するきっかけとなったのは，児童の中には，①自分の思いを伝えられないことによる欲求不満や，②伝える適切な方法を持ちえないため，相手からの誤解等が生じ，他人とのつきあいの中でつまずいてしまうことが多いこと，③心に感じたことをまっすぐに表す素直さを持ってはいるものの相手の気持ちを理解せず行動し，相手を傷つけてしまうこと等の，対人関係についての課題が見られたからである。

そこで，このような行動に対して，社会性を高める支援法の一つとして心理劇を導入し，小学部1，2年生の中から3名の児童を対象に感情表出能力を高め，対人関係の向上をめざす実践研究を行い，その効果を検証していくことにした。導入理由は，以下の3点である。①言葉での表現が難しくても，心理劇では体で表現することもできる，②心理劇で内面にアプローチしながら，対人関係で課題となる言動を考え，思考する機会が得られ，般化につながる，③集団の中で他者と向き合い，受け入れ，受け入れられる体験から仲間意識を育むことができる。

2.2 方　法

(1) 対象児童

K小学部児童　低学年3名

児童名	障害	IQ	対人関係における課題点	教師のニーズ	子供のニーズ
Aくん 1年男子	自閉症	61	思い込みでの受け取りが強い。自分の意志が通らなかったり、勝敗や失敗にこだわり、相手を非難したり、攻撃的な行動をとることもある。原因にかかわらず、非難する相手を特定する傾向がある。	感情的にならず、自己主張をすることができるようになってほしい。	苦手な友達にしてほしくないことを伝えたい。好きな友達と仲良く遊びたい。
Bさん 2年女子	自閉症	51	教師に要求したり、確認したりすること等は言葉でするが、友達に対して自己主張をすることは少ない。友達からのかかわりを受容することが多い。ストレスが溜まると、相手の体を押さえ込んだり、ほおを引っ張る等の攻撃で訴えてしまう。	自分の気持ちを行動や言葉で伝えることができるようになってほしい。	嫌なことをされた時、先生に助けてもらいたい。
Cさん 2年女子	ダウン症	40	友達に過度のかかわりを持ち、トラブルのきっかけになることが多い。相手を否定する言動や乱暴な言葉遣いをすることがある。	自分の気持ちを詳しく言うことができるようになってほしい。	友だちと楽しく遊びたい。

(2) 教師

対象児童の担任教師1名。

(3) 日時・期間・頻度

期間：平成X年5月下旬〜平成X＋1年3月。

日時：週1回実施。全29回。

時間：30〜50分程度。

(4) 場所

K小学部プレイルーム。

図3-2 プレイルーム

(5) 心理劇実施時の留意点

流れ	ねらい	支援
ウォーミングアップ ・自己紹介 　（気持ち発表） ・ゲーム	楽しく遊ぶことを通して，友達との友好な関係を持つことができる。 ①共通の経験を通して楽しさを感じることができる。 ②集団としてのルールを守ることができる。	ゲームを中心に構成する。ゲームは勝ち負けがないものにし，みんなが，楽しく成功できるものを準備する。
劇化 ・子供たち自身がやりたいことを発言し，役割を決めて短く劇にする。	①自分のやりたいことを表現することができる。 ②友だちとかかわりを持つことができる。	経験していてイメージしやすい学校生活で楽しいこと等を短く劇にする。
シェアリング ・気持ち発表 ・役割解除	①劇を通してどう思ったのか考えることができる。 ②感想，感情を表現することができる。 ③お互いの気持ちを共有することができる。	教師の考えの方向にまとめることがないように配慮しながら，気持ちに気づくことができるように促したり，言葉を補ったりする。

実施上の留意点
・レクリエーション的要素を多く取り入れる。
・劇の内容はその日の子供の発案を取り上げる。
・劇提案者の子供が配役決定も行う。
・発案がない場合は教師から興味のある素材を提案する。
・教師からの提案は選択肢を設ける。
・支援は直接的な声かけや動きによる促しを行う。
・カード等の視覚的情報を活用する。
・日常生活だと注意すべき内容も，劇内では認める。
・活動の様子はVTRに記録して，授業を振り返るようにする。

2.3　心理劇の実際
―― 事例　[Bさんの感情による表情，行動，言葉の変化について] ――

　Bさんは感情をうまく表現することができず，友達との関係上つらい状況でも相手や周囲に気づいてもらえないということが多かった。また，ごっこ遊びをしないBさんに心理劇への参加は可能なのだろうかという考えもあった。しかし，そんな不安をよそにBさんは劇の回数を重ねる毎に教師が思いもかけなかったほど多くの感情（怒，哀，楽，困，つまらない）を表現できるようになっていった。劇を演じることについては，みんなと同じ動き，補助自我（教師）と同じ動きが多かったが，その中で，ふとした拍子に独自の感情や動きを表現することがあった。

　9月に入ってからは心理劇で自分のやりたい劇をカード選択を通して伝えるようになった。大好きなプールの劇では最初はクロールで動きも小さく泳いでいたが，劇が進むにつれ，現実には無理な背泳ぎまで行い，友達と並んで笑いながら泳ぐ場面を演じた。繰り返し生き生きと表現し，終わらせるのが難しいほどであった。シェアリングでも「楽しい」カードを選択し発表することができた。また，劇中教師の演じる様子を見て，まずは真似て，そして自分から大きな声での言葉やその場にあった演技が増えていった。自分にとって本当に楽しいことには，豊かな感情表現を見せてくれるのだと感じた。家庭でも，妹から「楽しい？」と問いかけられて，それに応えていたのが，11月上旬に自分から「楽しいね」と気持ちを伝えることもできるようになった。さらに日常生活の場では聞いたこともない

「困った」や劇が終わった後も楽しさが止まらず教師を誘うなど，言葉，表情，行動にBさんの気持ちを多く見ることができた。このように劇の中で感情表現の仕方を身につけることができていき，11，12月のウォーミングアップで行った怒・哀・楽の表情真似真似ゲームではBさんが一番表情豊かにゲームに参加し成長を感じることができた。「怒」については，これまで，言葉で表せないため，自分を守ったり，相手に気持ちを伝えたりするための手段として攻撃的な行動をとらざるを得なかった。そこで，日常生活，心理劇どちらの場面でも，教師に呼びかけることや教師の所へ逃げてくることを提案した。平成X年10月に入り日常生活の場で友達からのストレスを感じた時，教師に伝えることができるようになり，11月下旬には教師の名前を呼んで，友達同士ケンカをしているのを知らせに来た。12月の劇ではシェアリングで「怒っています」と発表し，ボードに描かれた絵と文字の3択から，手を引っ張られて痛かったことを選択し伝えることができた。

　子供の気持ちを100パーセント認める心理劇により，自分の感情をたくさん表現することができたと感じている。

（矢野裕子）

3. 特別支援学校での実践(2)

3.1 はじめに

　知的障害児の実態として，教師や友達等他人の存在を意識した行動を取りにくい点が指摘されることが多く，指導上の重要な課題となっている。

　そこで，特別支援学校知的障害教育校で人との関わりを育てる劇指導を行うことが重要である。

　しかし，特別支援学校知的障害教育校の劇では，子供たちのこれまでの学習の成果を劇の中で発表させることが重点として扱われることが多く，そこには，ストーリーに合わせて子供たちの感じたことを演じさせることを通して，人との関わりを育てることに重点が置かれていないことがある。

　そこで，人との関わりを重視する心理劇の技法を適用した劇指導を，知

的障害児の教育に取り入れていけば，子供たちの人との関わりを豊かにすることができるのではないかと考え，特別支援学校知的障害教育校で心理劇的手法を用いた「帰りの会」での劇指導の実践事例を紹介する。

3.2 方　　法
(1)　対象
- 小学部6年男子2名，女子1名，計3名。
- 3名ともIQ20～50程度。
- 男子1名，女子1名はダウン症。男子1名は知的障害。

(2)　スタッフ
- 教師2名。

(3)　期間・頻度
- X年5月～1学期が終わる7月までの約2ヵ月半。
- 1日の反省を行う「帰りの会」の時，約15分程度，週5回劇の実施

(4)　留意事項
　人との関わりを豊かにするために劇指導に導入した心理劇的手法として①役割交代，②補助自我の技法を用いた。①②の技法については，それぞれ第1章を参照。

3.3 心理劇の実際
(1)　学級の様子
　3名の知的障害児と教師2名のクラスで，子供たちの人間関係が固定し，常に力が強いA男が他の2名に指示・命令して遊び等の学習活動が行われていた。
　4月の学級開きから自由遊び等の集団活動を観察していたが，その場ではほとんどA男中心に活動が行われていた。
　嫌なことをA男からされるとB男とC女は泣くかふくれるという方法でしか対応できない状態であった。

(2) 心理劇的劇の構成

① 劇「水戸黄門」のテーマ

「帰りの会」の時，その日の活動の報告として，教師側から，A男がその他の２名に対して高圧的な態度に出た一場面を「水戸黄門」の劇のテーマとして取り上げた。

指導上留意したことは，劇の場面がA男本人が他の２名に高圧的に出た場面とわからないようにテーマ等をアレンジしたことと，教師が解決を促すような発言はしないということの２点であった。

「水戸黄門」を活用したのは，「水戸黄門」は，ストーリーとして悪いことをした悪代官を水戸黄門様と助さん格さんで退治するという単純明快なことと，学級の３名の子供がよく知っていたことからである。

② 役
- 水戸黄門様（児童が演じる）
- 助さん（教師Ｄ）
- 悪代官（教師Ｅ）
- 悪代官の手下（児童）
- 悪代官から無理難題を押しつけられる役（児童）

③ 役割交代

児童が演じる役は順番で行った。例えば，水戸黄門様を演じる役は，その日の当番（当番は一日交替で３人の子供が行う），次の日の当番予定者が悪代官の手下，その次の当番予定者が悪代官から無理難題を押しつけられる役を行うというようにした。

④ 補助自我

教師Ｄが水戸黄門様を助ける助さん役と悪代官から懲らしめられる役を演じる子供の気持ちを一人二役で演じ，もう一人の教師Ｅ（筆者）が悪代官の役割を演じ，悪代官の手下役の子供の気持ちを補足することとした。

⑤ 劇の展開

その日の学校生活で悪代官役の教師Ｄが，A男が高圧的な態度で他のＢ男とＣ女に命令している場面をアレンジして取り上げ，劇を展開した。

劇の展開は，以下の通りである。

第 3 章　心理劇の実際(2)

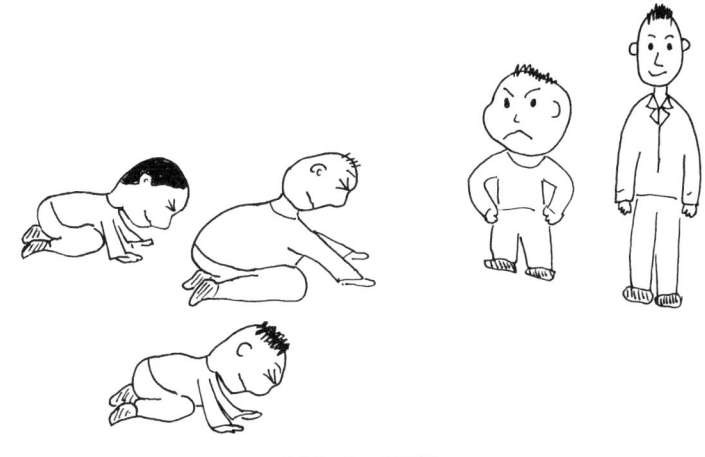

図 3-3　黄門様

　1)　悪代官役の教師Eが，悪代官の手下の子供とともに，悪代官から無理難題を押しつけられる役の子供に，A男が行った高圧的な態度で命令する。
　2)　命令された役の子供が命令に従い行おうとする時に，水戸黄門様役の子供と助さん役の教師Dが登場し，わけを聞く。
　3)　わけを聞いた後，水戸黄門様役の子供が，「考えがあります」と言って，助さんとともに退場する。
　4)　悪代官と手下が登場し，命令したことができていないと言って，再度命令する。
　5)　そこに，水戸黄門様と助さんが登場し，悪代官が命令したことの悪いことを言い，悪代官も一緒にするように言ったり，悪代官の言い方をもっとやさしくするようなど注意をする。
　6)　悪代官役の教師Eと手下の子供が怒り，チャンバラへと展開し，新聞紙で作った刀で，チャンバラごっこをする。
　7)　助さん役の教師Dから悪代官役の教師Eが懲らしめられ，悪代官役の教師Eが「まいりました」と言ってチャンバラが終わる。
　8)　悪代官役の教師Eと手下の子供が，命令した子供に謝り，劇が終わる。

表3-1 配慮事項

ア	B男とC女が水戸黄門様役の時は，A男がストレスを発散できるようチャンバラの時間を，A男が汗をかくくらい十分にとるようにしたこと。
イ	B男とC女が水戸黄門様の役を演じるときは，助さん役の教師Dが印籠をかざして，B男とC女が言い足りないことを付け足し気持ちを推測して代弁し，悪代官役の教師Eと手下の子供が反省の言葉を述べるようにしたこと。
ウ	A男が，悪代官の手下役と悪代官から無理難題を押しつけられる役の場合どのように感じたかA男に話をさせること。

9) シェアリングとして，悪代官役の教師Eが気持ちを伝えることから始まり，助さん役の教師Dが気持ちを伝え，A男，B男，C女がそれぞれの気持ちを言うように促す。黙っていたら，補助自我の役割の教師D，教師Eが気持ちを推測し代弁する。

(3) 配慮事項

劇を行う上で配慮したことは表3-1の通りであった。

(4) 経過

① 導入時

5月の導入当時は，力の強いA男は，常に水戸黄門様役を希望したが，希望がかなわないことが分かると，次に，助さん役を希望した。しかし，その役は教師が行うことと助さんの相棒の格さんは旅に出ていて，この教室での劇には登場しないことを告げた。

すると，どうしても悪代官から無理難題を押しつけられる役と，悪代官の手下役を行うことをいやがった。そこで，順番に水戸黄門様役等を行うことを，教師2人が劇を通して示すと，A男は役割を交代することが分かり納得した。

② 変化期

劇導入後から6月中旬までは，A男は，水戸黄門様役のB男とC女から言われたことを，劇が終わってしようとすると，笑って行わず教師から促されて行った。

劇を始めて1ヵ月位がたった6月中旬から，B男とC女の学校の日常生活の中でA男に対する態度の変化が見られてきた。

例えば，A男がふざけてB男の額を黒板にぶつけたら，これまでは泣いていたB男が，水戸黄門の劇の言葉を使って「するんじゃねー」とA男に向かって言うようになった。また，C女がクレヨンで絵を描いている時にクレヨンをA男が勝手に片付けたら，これまでは，黙ってふくれていたが，これも水戸黄門の劇の言葉で「せんでー（しないで）」とA男に言うようになった。

これらのエピソードがあった後から，「水戸黄門」の劇の時，これまで笑って劇に参加していたA男が笑わなくなり，B男とC女の水戸黄門様から言われたことに取り組むようになった。また，A男がB男とC女に対して，学校生活でも高圧的に指示・命令することが少なくなった。

このように水戸黄門の劇に取り組んだことで，A男とB男とC女の人間関係が4月に比べて対等の関係になってきた。

（工藤雅道）

文　献

伊勢田亮　1982　障害児の遊び・リズム・劇　ぶどう社
H. A. ブラットニー　1973　アクティング・イン　松平康平監訳　1987　関係学研究所
増野肇　1990　サイコドラマのすすめ方　金剛出版
宮崎直男　1988　知恵遅れの子どもの劇　指導の実際　明治図書

4. あおぞらキャンプでの実践

4.1 はじめに

「あおぞらキャンプ」とは，年に1回，夏季，2泊3日で，広汎性発達障害を有する児童・青年に対し適応能力を伸ばすことを目的に，種々の適応訓練・学習訓練を行っている療育キャンプのことである。対象は小学生以上の広汎性発達障害児・者で，毎年15〜20名参加している。組織は，いくつかの大学の教員がキャンプの運営や療育のスーパーバイザーとして，福祉施設の職員10数名が各係の責任者として，さらに30名ほどのボランティアが対象児・者につくトレーナーや厨房や記録係などスタッフの手伝

いとして，総勢50名ほどで構成されている。キャンプ中，対象者にはマンツーマンで主に学生がトレーナーとしてつき，生活場面や学習場面を一緒に過ごしている。活動は，小集団を構成し，それぞれに調理活動（バーベキュー），登山，レクリエーション（キャンプファイヤー），課題学習訓練，言語会話訓練，心理劇などを行っている。心理劇はキャンプ最終日に実施している。

プログラム

1日め		2日め		3日め	
時間	内容	時間	内容	時間	内容
13:00	受付	7:00	起床	7:00	起床
14:00	開会式	7:30	朝のつどい	7:30	朝の集い
14:30	保護者・トレーナー引継ぎ	8:00	朝食	8:00	朝食
15:00	移動・荷物整理	8:30	準備	9:00	療育・訓練（心理劇）
15:20	集団療育	9:30	晴れ：登山 雨天：療育・訓練 入浴	10:00 10:30	休憩 集団療育 思い出作り
16:10	自由時間	16:00	自由時間	11:30	保護者・トレーナー引継ぎ
16:45	調理活動・夕食	18:00	夕食	12:00	閉会式
18:30	入浴 お楽しみ会	19:00	移動準備 キャンプファイヤー		解散
21:00	就寝	21:00	就寝		

4.2 方　法

(1) 対象

対象は，言葉でのやりとりが可能な児・者で，例年7名ほどである。対象児・者の多くは，A社会福祉法人が行っている療育活動で心理劇を体験している。

(2) スタッフ

スタッフは，監督1名，補助自我2～3名程度。対象児・者につくトレーナーも一緒に参加する。トレーナーには，心理劇体験がなくても補助自我的な役割をとることを期待されている。トレーナーには，キャンプ実施前

のミーティングで心理劇について簡単なオリエンテーションを受けている。

(3) 実施

実施は，キャンプの最終日，療育・訓練の時間に行っている。キャンプ中の楽しかったことなどを主に劇化している。キャンプという非日常の中での他者（トレーナーや他の対象児）との関係や自分が取り組んだ活動などを振り返るための機会という位置付けでもある。時間は1時間で，ウォーミングアップ，劇化，シェアリングの流れで行っている。

(4) 場所

場所は，キャンプ場内の建物の一室。屋外では様々な刺激が多く注意が他に向きやすいことも考えられることから，室内で行っている。

(5) 留意点

留意点としては，トレーナーは必ずしも担当対象児・者の補助自我として動かなくてもよい，つまり個人として参加してよいものとしている。また，心理劇場面は，基本的には相手のことは「○○さん」，「○○くん」と敬称をつけて呼び合うことにしている。

4.3 心理劇の実際

ここでは，ある年のキャンプでの心理劇の様子を紹介する。

(1) ウォーミングアップ

自己紹介として自分の名前と今の気持ちを言う。そのあと簡単なゲームなどをし，楽しい雰囲気をつくる。そしてグループに分かれて，キャンプで楽しかったことについて話し合う。

(2) 劇化

【劇化①：C太のお風呂の場面】

皆が手をつないで丸くなり大きなお風呂をつくる。補助自我3名の内，1名が「（お風呂に）一緒にいきましょう」と声をかけ，C太は「行こうよ」と応答し，手をつないで脱衣所に行く。脱衣所で服を脱いだところで（実際は，服を脱いではいない），補助自我が「気持ち良さそうね」と言いながら，先に風呂に入る。C太は，別の補助自我と一緒に風呂に入ろうとお湯

に足をつけた時,「あつ!(熱いの意味)」と言ってその場で転び,そのままお風呂に入る。4人がお風呂につかっていると,お風呂役だったD彦が自分から風呂に入ってきて補助自我に「マッサージ」など言ってマッサージをして関わってくる。そのうち補助自我が,風呂からあがり「Cくんの好きなシャワーあびるよ」と声掛けしたところ,シャワーが好きなC太は,傍にいた補助自我の手をつかみ声をあげて喜ぶ。シャワーのところにいる補助自我が,「体洗う?」との声かけにC太が「やるぞ!」と言って立ち,風呂から上がる。補助自我よりタオルを渡されC太は,「ありがとう」と言う。補助自我から「ちゃんと,体こすってよ」と言われると,タオルを自分の首に掛け「あーっ(気持良い)」と笑顔で言う。ここで劇が終わる。

感想で,C太は,監督に「気持ちよかったですか?」と聞かれ,「ええやろ,タオル。似合うやろ,タオル」と言う。

【劇化②:D彦のキャンプファイヤーの場面】

劇が始まると,D彦が「火の神入場」と言う。火の神役が入場してきて,D彦の正面に立ち止まる。司会が「分火」と言うと,D彦は火の神に近づき,D彦が持っているトーチに火を分けてもらう。そして「点火」で,木が組んであるところへ来て,しゃがんで自分のトーチを入れ点火する。火の役数人が,そこから大きく燃え上がる火を演じる。司会が全体に声をかけ,それまで観客だった他の者も全員,舞台に出てきて「あじのひらき」という手遊びを歌い踊る。D彦は,踊っている司会を見て楽しそうな表情をして踊っている。皆も踊っており楽しい雰囲気になる。司会が「これでキャンプファイヤーを終わります,おやすみなさい」と言ったところで劇が終わる。

感想で,D彦は,監督から「どういう気持ちですか」と聞かれ,小声で一言応じただけですぐに自分の席にもどるが,トレーナーが,D彦が劇で楽しんでいたことを感想として述べる。

【劇化③:F男の登山の場面】

ここではF男の担当トレーナーが,山登りのときの「F男君が頑張るから自分も頑張ろうと思った」という話から,登山の場面をすることになる。補助自我が,「みんな,もうちょっとだけどがんばろう」など声をかけ

第3章　心理劇の実際(2)

る。F男は山役の3人の方を見ながら，トレーナーと一緒に歩いて近寄っていく。そしてF男は，「あー，着いた」と山役の腕に自分の手を掛けながら言い，登った人みんなで拍手する。本人も拍手する。

　感想で，F男は「楽しかったです」と言う。

【劇化④：E之介のキャンプファイヤーに登場した「あお　ぞらみ」になって踊る場面】

　E之介は，前日のキャンプファイヤーのレクリエーションで盛り上がっていくときにスタッフが演じた「あお　ぞらみ」役を，「あお　はるみ」と名前を変えて担当トレーナーと2人で演じることにする。劇が始まり，司会役が，「はい，みなさん……，あお　はるみさんの登場でーす」と言うと，E之介はトレーナーと2人で，リズムをとり，歩きながら，セリフにテンポをつけて「今日は楽しいキャンプだ，グー！」とポーズもとる。周りも楽しい雰囲気になっていく。そしてE之介は，「ダンス，カモン！」と大きな声で言い，「キャンプだホイ」を皆と一緒に歌を歌い踊る。この歌が終わったところで劇は終わる。

図3-4　グー！

感想で，E之介は，「キャンプファイヤーが楽しかったです」と言う。補助自我から「あお はるみが，かっこよかったです」と言われ，E之介は手を叩いて喜ぶ。

【劇化⑤：B子の登山の場面】
　B子は，担当トレーナーの役になり，本人役は補助自我がなり，4人で登ることになる。「元気出して，がんばるぞ。エイ，エイ，オー」と4人で掛け声に合わせて言い，登り始める。B子役の補助自我が岩役に躓いて転び，トレーナー役のB子に助けを求めるが，あまり助けるそぶりは見せない。さらに歩いていくと，B子は「やっほー」と言い，補助自我も「やっほー」と続く。やまびこが返ってくるようにと補助自我がもう一度みんなでするように誘導する。4人で「やっほー」と言うと，数人のやまびこ役から，大きな声で「やっほー」と返ってきた。さらに歩いていく。再びB子役の補助自我が岩役に躓いて転び，「えーん，えーん」と泣く。すると今度はB子は補助自我の手を取り起こす。そして，数人の頂上役のところへ来て，補助自我が「みなさん頂上，着きました！」と言うと，みな拍手をし，ここで劇が終わる。

　感想で，B子は「優しい気持ち」と言う。B子役の補助自我は「ころんでも（トレーナー役のB子が）助けてくれてうれしかった」と言う。

【劇化⑥：A次郎のスーパーマリオになって登山する場面】
　A次郎は，「いやだ」，「しません」，「やめた」など言い，落ち着かなくなる。母に会いたい気持ちが高まってきたようである。それまでの劇には一緒に表情良く舞台上に出て，お風呂に入ったり，キャンプファイヤーで踊ったりしている。

　劇は，スーパーマリオが，頂上のクッパ城を目指し，敵が出てきてもやっつけて頂上に着くというものになる。劇が始まると，マリオ役はA次郎が舞台に出てこないため，補助自我が行う。F男とE之介は，敵役の「ノコノコ役」になると言い，自ら舞台に出てくる。劇が進行していくとA次郎はすぐに，そのような楽しい雰囲気に誘われたのか，舞台に入ってきて，ノコノコ役，クリボウ役にキックする。表情はよくなる。そこで敵に押されて倒れたが，マリオ役の補助自我がA次郎を助けに行き，一緒に立ち上

がる。マリオ役の補助自我が「クッパ城が見えたぞ！」と言うと，そこからはＡ次郎一人で，数人が丸く手をつなぎ内を向いて立っているクッパ城の中に早歩きで入る。城の中では回りながら，城役を一人ずつキックし倒していった。その後すぐに部屋の隅に行き再び落ち着かなくなる。ここで劇が終わる。

　Ａ次郎は，他者の感想を聞いている間は舞台をぐるぐる歩き回るが，Ａ次郎に感想を求められると壁際に行き，落ち着かなくなる。全体でのシェアリングのときに，補助自我がＡ次郎を代弁し「（お母さんに会いたくて）悲しかったんだけど，マリオは楽しかったです」とＡ次郎の気持ちを代弁する。

　全体でのシェアリングをした後に，役割解除をする。

(3) 役割解除

　全員，立って，歩き回り「○○役ではありません，○○○○です」と言って別の席に座る。このあと，このセッションが終了となる。

4.4　まとめ

　ここで紹介した心理劇の劇化場面は，キャンプ中楽しかった場面として，お風呂，登山，キャンプファイヤーなどキャンププログラムの主なものであった。

　自分が主役の劇では，自分の役をした者もいれば，自分とは別の人の役を取った者もいるし，ファンタジーの世界を加えて自分の役を演じた者もいた。他者が主役の劇では，補助自我の促しにスムースに応じ役を演じたり，また自発的に役を取り舞台に出てきたりもしている。劇化場面では，生き生きとした表現や他者を意識した演技が見られ，シェアリングでは他者からの評価に喜ぶ様子が見られる。このような様子から，キャンプ中に対象児・者がどのような楽しい体験をしたのかを知ることができる。

　この療育キャンプの心理劇では，皆がキャンプで同じ体験をすることから，他者の劇場面も想像することが容易であり，そのことから役割演技がしやすく，自発的な役割取得も見られ，共感も得やすいことが特徴として挙げられる。また，担当トレーナーも一緒に再体験することで，２泊３日

という短い時間ではあるものの対象児・者への理解がより深まる機会となり，二者の関係をさらに強めるものになっていると思われる。

この療育キャンプの大きな目的は，人との関係を取ることが難しい広汎性発達障害児・者に，安心できる集団の中で，記憶に残るような楽しい体験をさせ，それらを通して，人といると安心であること，人と共に活動することが楽しいことであることを感じ取らせることにある。その意味においては，キャンプ中の他者との印象的な場面を，他者と一緒に体験するものになっていることから，ここでの心理劇は2泊3日のキャンプを1時間の中に凝縮したような中身の濃いもので，積極的に人間関係を築いていくことのできるものであることから意義は大きい。

(松井達矢)

5. LD及び周辺児・者親の会によるソーシャル・スキル学習グループでの実践

5.1 はじめに

1980年代から90年代にかけて，各地にLD（学習障害）親の会が発足した。そのひとつに，X市を活動の拠点としたLD児・者親の会「YYの会」がある。当初は会員11名で発足し，途中，LD及び周辺児・者親の会「YY」と名称を変え，現在では100名を超える会員数に至っている。この名称変更は，会員の子供たちの状態から，LD以外にも，2006年に改正された学校教育法施行規則により特別支援教育の対象となったADHD・高機能自閉症・アスペルガー症候群等を含む，「発達障害」全般を視野に入れたことが背景にあったであろう。このような発展とともに，「YYの会」は，発足当初から様々な活動を展開しているが，その一つとして「子供たちの学習や生活上の問題を親が相互に出し合い，具体的な対応の方法を学びあう」ための研究会が立ち上げられた。

著者がこの節で紹介するソーシャル・スキルの学習グループは，このZ研究会の目的にそって開催されたある年の講演会がきっかけとなっている。その講演会のテーマは「育てよう。ライフスキル——今育てたい力——」であった。ライフスキルとは「日常生活で生じるさまざまな問題や

要求に対して，建設的かつ効果的に対処するために必要な能力である」が，その学習を促進するための方法のひとつにロールプレイがあげられている（WHO 精神保健局，1997）。以前から教育・福祉領域での研修会で心理劇の手法を用いていた著者に，その研究会のリーダーから，子供たちの社会性を高める学習方法として，ロールプレイの有効性を知りたいという要望をいただいた。そこで急遽子供たちの参加を募り，講演会までの限られた日数の中で，ロールプレイによる学習会を，3回開催することになった。このときは，とりあえずのお試しセッションということで，保護者の方がロールプレイのスタッフとして参加する，まさに即席自前の学習会であった。しかし，そのときの実践による手ごたえから，講演会の後も学習会を継続的に開設することになり，新たに学生ボランティアのスタッフを加えて，定期的に開催されることになったのが，今現在続いているグループである。

　この節では，そうしたロールプレイの技法を活かして，ライフスキルの重要な要素であるコミュニケーションや対人関係を円滑にする力を身につけてほしいという願いをもつ保護者と，ロールプレイすなわち「役割を演じること」に教育の手ごたえを感じている著者の，いわば二人三脚で取り組んでいる学習プログラムの形態を紹介する。なお，ここでロールプレイという表現を使っているのは，このプログラムでねらっている課題目標を達成するために，その手法が心理劇に限定されていないことによる。プログラムの内容には，ロールプレイすなわち「役割を演じる」という意味では一貫しているものの，個人の自発性，創造的な表現を尊重した心理劇の体験ばかりでなく，テーマに応じて場に相応しいとされる行為を明確に示した，いわば学習的な役割演技を促すことも含まれているからである。便宜上，この節と第4章2節（吉川）では，前者を心理劇，後者をロールプレイと表記する。また心理劇の3つの過程であるウォーミングアップ，劇化，シェアリングのうち，劇化はこのプログラムのドラマにあたり，導入活動がウォーミングアップ，終わりの会がシェアリングに対応すると位置づけている。

5.2 方　法

(1) 対象（グループを構成する参加メンバー）

思春期を含む青年期の男女8～9名（進学により退会したメンバー，新たに加わったメンバーなど，途中若干の入れ替わりがあった）。大半が広汎性発達障害 PDD，学習障害 LD，注意欠陥多動性障害 ADHD のいずれか，もしくは重複する診断名を受けている。彼らの年齢，性別，障害特性を考慮して，平均年齢が高いHグループ5名とそれより低いLグループ4名の2グループに分けた。両グループのメンバーとも，日常会話に大きな支障はないが，臨機応変に状況を察知したり，他者の気持ちを理解することが苦手である。そのうちHグループは高校生以上で，ある程度の日常生活が自立的に行えているものの，やはり対人関係に戸惑っているという本人自身の気づきが比較的高いメンバーである。Lグループは中学生である（途中から高校生も参加した）が，自分の興味・関心への強さから場面理解がかなり偏ってしまい，場に応じたコミュニケーション・スキルを一つひとつ具体的に学ぶことを必要としているグループである。

(2) スタッフ

① 運営：保護者代表

スタッフ（保護者・著者・学生ボランティア）間の連絡調整・会場予約等。

② 企画：著者

保護者との打ち合わせにより各回のテーマを決め，プログラムを立案する。当日はプログラム進行のリーダーおよび，監督の役割をつとめる。

③ 補助スタッフ：学生ボランティア数名。

プログラムの進行およびロールプレイ，ドラマでの補助自我の役割等。

(3) 期間・頻度

200X年1月から現在に至るまで，月1回，休日，主に日曜日に開催している。

(4) 場所

X市内にあるいくつかの福祉施設の中で空室を毎月予約して借りているため，定まっていない。

第3章　心理劇の実際(2)　　　　71

表3-2　プログラム立案と実践の流れ

事前準備	保護者 運営スタッフ	著者（臨床心理士・特別支援教育士） プログラム企画・実践スタッフ
事前準備	会場予約・ボランティアとの連絡調整 近況レポート（ニコニコエピソード・　→　テーマの選定 　　　　　　　あらあらエピソード）　　　　　↓ 　　　　　　　　　　　　　　　　メール・電話・ファックスによる相互の意見交換 　　　　　　　　　　　　　　　　　　　　　　↓ 　　　　　　　　　　　　　　　　プログラム立案・教材作成	

	保護者	著者	学生ボランティア
当日	Hグループ 別室待機 Lグループ 行動観察 評価表に当日 の感想記入	事前ミーティング：テーマのねらい確認・役割分担	
		プログラム全体の ファシリテーター ドラマの監督	プログラムの司会 ロールプレイのモデル ドラマの補助自我
		事後ミーティング：参加メンバーのその日のねらいの達成 水準を著者と学生ボランティアの合議により評価表に記入	

(5) プログラムの立案と実践の流れ（表3-2）

① プログラムで取り上げるテーマの選定

　保護者と著者の直接的な接点は，基本的にプログラムを実施する日，すなわち月1回である。その日はプログラムの前後に保護者から手短かにメンバーの近況を聞かせていただくことはあるものの，通常は子供たちを前にして思うように打ち合わせの時間を取ることが難しい。そこで保護者には，あらかじめ近況レポート用紙「ニコニコエピソード・あらあらエピソード」が配布され，次回のプログラム立案までにメンバーについて気づいた好ましい（ニコニコ）エピソードや改善してほしい（あらあら）エピソードがあれば，それらをレポート用紙に記入していただくことになっている。そのレポートがプログラム立案者にメールやファックスで送られてくるので，それについて具体的な状況やそのときの保護者の思いを確認した上で，その内容がグループ全体のテーマに相応しいと判断した場合，次回以降のプログラムに,その内容を反映した課題を工夫している。その他,全体での共通理解を得るために,半年に1回,保護者全員と著者によるミーティングの時間を設け，課題内容を中心に今後の方針について話し合う機

表3-3 200X年の1年間に取り上げた課題活動の主なテーマ（グループ）

- 自己紹介で自己理解を深めよう（L）　他己紹介で他者理解を深めよう（H）
- 他者の気持ちの理解——顔と気持ちのマッチング——（H）
- 場に合わせて声の大きさを調節しよう（H・L）
- 話し合いのルールを身につけよう（L）
- 「あったかことば」と「とげとげことば」（H・L）
- 「こんなとき，どうする？」
  買い物編（H・L）／嫌なことを言われちゃった編（H）
  ／マナー編「年上の人に頼むとき」「小さな子を注意するとき」（L）　他
- 「ゲームに勝ったときの気持ち・負けたときの気持ち」相手にエールを送ろう（H）

会を設けている。これまでに取り上げた主なテーマを表3-3に示している。

② プログラムの流れ

Hグループ，Lグループともに1時間半の枠組みを設定している。2つのグループのプログラムの間で15分程度の時間をとり，その間にメンバーの入れ代わり，教材提示の準備を行う。プログラムの1回のセッションの流れは，両グループとも始めの会→導入活動→課題活動・ドラマ→終わりの会の順となっている。始めの会では，当番による挨拶やその日のプログラムの確認を行う。導入活動は，その日のテーマにつながるようなクイズやゲームを行っており，いわばウォーミングアップである。終わりの会では，その日の活動を振り返って，それぞれのメンバーの感想や他の人のよかったところをあげてもらい，当番の挨拶で締めくくっている。

テーマとなる課題活動とドラマの関係については，以下のような例があげられる。例えば，「他者の気持ちの理解」というテーマでは，まず，状況絵カードをみて，その絵の中の人がどんな気持ちかを考える。その際，その人のどこをみて判断すればよいかを話し合う。その後，メンバーがそれぞれに「私の楽しいひととき」を演じて（劇化して）紹介する（Hグループ）。また他者に喜ばれる「あったかことば」と，嫌な気持ちにさせる「とげとげことば」を取り上げたゲームの後では，「あったかことばを貯めて，旅行に行こう！」というテーマを劇化した（H・L共通）。「話し合いのルールを身につけよう」では，「無人島に行くとしたら何をもっていく？」

というテーマで，話し合いのルールに沿って意見を出し合い，決定する。そして，話し合いで決まったものだけをもって「無人島に行こう！」という劇化を行った（L）。さらに「こんなとき，どうする？」というテーマでは「年上の人に頼むとき」と「小さな子を注意するとき」のあり方をロールプレイで試した後，お兄さんや小さな子が登場するドラマを体験した。

(6) 実施上の配慮点

これらの課題活動では，ねらいをわかりやすくするために視覚的な教材を多く取り入れることや，ロールプレイでスタッフがモデルを示したり，メンバーが演じることで，実際の行為の中で状況判断や気持ちの確認を促すことを積極的に取り入れた。それにより課題となるテーマが，メンバーに明確に意識されたことは，このグループの活動に含まれるドラマの中で，場に応じた役割を演じる姿で確認された。その一例を第4章2節で紹介している。

（吉川昌子）

文　献

WHO 精神保健部局（川畑徹朗・西岡伸紀・高石昌弘・石川鉄也　監訳　JKYB 研究会訳）「WHO ライフスキル教育プログラム」大修館書店　1997 年

第 4 章　心理劇の実際(3)──症例報告──

1. 女児グループ「なでしこグループ」での実践

1.1　はじめに

　知的障害者施設の地域福祉活動として学童期の広汎性発達障害児（以下，PDD児）を対象に実施している集団療育活動「寺子屋さくら」については，第2章1節に詳しいが，ここでは，その中の「なでしこグループ（第2章1節ではお姫様グループ）」に実施した心理劇について報告する。

　「寺子屋さくら」は主に知的能力，言語会話能力を基にA，Bの2グループで構成され，前者は高機能群（知的な遅れがないか，軽度），後者は非高機能群（知的に中・重度の遅れ）を対象としている。Aグループに所属する対象児はそのほとんどが小学校の普通学級に在籍しており，「寺子屋さくら」では感覚の近い者同士安心できる場の中で，自己実現をすると共に対人関係の発達を促すことを目的としている。一方，Bグループは学校での学習を補完することを目的に，より個別の学習訓練を中心に実施している。そこで，Aグループでは自己実現や対人関係の発達促進に向けた取り組みとして心理劇を療育プログラムに導入した。

　ここでは，X年度に実施したPDD女児グループ「なでしこグループ」への心理劇実践の経過を報告し，その療育的意義について役割レベルという視点から考察することを目的とする。

1.2 方　法

(1) 対象児

「寺子屋さくら」Aグループでは，言語会話能力やお互いの相性を考慮し，3グループに分けて心理劇を実施している。グループ分けについては表4-1に示す。X年度は「なでしこグループ」には3名の対象児（なのはな，たんぽぽ，ひまわり）が参加し，全員が女児であった。年齢は，なのはな，たんぽぽが10歳，ひまわりが7歳であった。3名とも高機能自閉症，広汎性発達障害の診断を受けている。

(2) スタッフ

「なでしこグループ」の心理劇には，監督1名，補助自我1〜2名がスタッフとして参加した。ただし，対象児が1名しか参加していない時には，他グループと合同で行ったため補助自我の人数が多い。セッション毎の監督，補助自我の人数については表4-2に示す。

(3) 期間，場所

「寺子屋さくら」は，原則として月に2回，1回2時間療育を実施しており，心理劇は療育プログラムの中に毎回取り入れた。心理劇は，対象児が十分に動き回れる広さのある知的障害者施設の1室を利用して行った。

(4) 心理劇の実施方法

心理劇は，ウォーミングアップ→劇化→シェアリングの流れで30分程度行った。他の実践で紹介する心理劇で行っているような基本的な約束事（①参加意思の尊重，②秘密の遵守，③全員「〜さん」づけで呼ぶ）については，このグループでは必ずしも徹底していない。毎回導入として，

表4-1　寺子屋さくらの心理劇グループ

心理劇グループ	対象児の特徴
げんきグループ （男児グループ）	自発性は高いが，周囲への配慮が難しく，動きが激しい。
はかせグループ （男児グループ）	自発性は高いが，自分のこだわっていることを一方的に話す。
なでしこグループ （女児グループ）	自発性はあるが，周囲の男児に気後れしなかなか自分のことを話せない。

表4-2 各セッションの対象児の参加状況，監督や補助自我の人数

セッション(#)	なのはな	たんぽぽ	ひまわり	監督	補助自我
#1	×	×	○	1	3
#2	○	○	○	1	1
#3	○	○	○	1	1
#4	○	○	○	1	2
#5	○	○	○	1	1
#6	○	○	○	1	1
#7	○	○	○	1	2
#8	○	○	○	1	2
#9	○	○	○	1	1
#10	×	×	○	1	3
#11	×	×	○	1	3
#12	○	○	○	1	1
#13	○	×	○	1	1
#14	○	○	○	1	1

ウォーミングアップで，社会的な場面をアニメーション的に表現している視覚教材（以下，絵カードと称する）1枚を使用，そこに描かれている絵を題材にして話し合いを行い，それを劇化するようにした。

1.3 心理劇実践の経過

X年度は，計14セッションの心理劇を実施した。各セッションの対象児の参加状況，監督や補助自我の人数について表4-2に示す。ここでは，その中で，特徴的であったセッション（#）2，7，12，13について経過を述べる。

【#2 絵カードの内容：算数のテストが悪く落ち込んでいる友達に，でもあなたは体育が得意だからと励ます場面】
劇の展開：テストの点数が悪かったことを励ます役，励まされる役に分かれ体験。以下，重要な部分は下線（＿＿）で示す。

　なのはなは，励ます役では，「前，料理を教えてくれてありがとう」と相手に声をかけるが，役割の交代を促すと「恥ずかしい」と言って受け入れない。男の子の役割をとることが恥ずかしそうな様子。シェアリングで

は,「でもテストは悪いからお母さんに怒られる」と実体験を話す。
　たんぽぽは,励ます役では,「ミルク飲んで」と相手にミルクを渡す。シェアリングで「ミルクを飲むと涙が止まるから」と話す。
　ひまわりは,励ます役では,「大丈夫,また今度がんばったら大丈夫だよ」と声をかけ,役割交代で相手から励まされると笑顔になる。

【# 7　絵カードの内容：明日は楽しみにしていた遠足なのに雨が降っている,だけど前向きに考えようとてるてる坊主を吊り下げる場面】
劇の展開：明日どのような楽しみがあるかを話し合い,雨が止むようてるてる坊主を作る劇を実施。
　なのはなは,「変かもしれないけど」と言いながら,たんぽぽにティッシュをとめる輪ゴムの役を,ひまわりに雨の役を,補助自我にセロハンテープの役を依頼し,それらを使っててるてる坊主を作る演技をする。また,ひまわり主役の劇では,雨の役を依頼され雨を演じる。シェアリングでは,「つまらなかった」と感想を述べる。
　たんぽぽは,「雨がザーザー,雷でおへそ隠す,がん子ちゃん（テレビ番組のキャラクター）のひらひらさんを作る」と言い,がん子ちゃんのてるてる坊主を作る演技をする。なのはな主役の劇では輪ゴム役を,ひまわり主役の劇ではてるてる坊主役を演じることができる。
　ひまわりは,「このまま雨が降り続けたら嫌だな,てるてる坊主100個作って雨を吸い取ってもらわないと」と言いながら,てるてる坊主を作る演技をする。なのはな主役の劇では雨役を,たんぽぽ主役の劇ではがん子ちゃんのてるてる坊主役を演じる。

【# 12　絵カードの内容：犬の散歩をしている友達に,僕も猫を飼っているよと話しかける場面】
劇の展開：絵カードの提示時間は短めにし,趣味,好きな食べ物等色々なことについて話し合い,共通項を見つけるよう監督が話題を提供する。
　好きな食べ物,スイーツ,趣味などを話し合い,共通なものを見つける。好きな食べ物がラーメンで共通したため,さらに3人で好きなラーメンの

第 4 章　心理劇の実際(3)　　　79

種類等を話し合う。補助自我がラーメン屋となり，3人でラーメンを食べに行く場面を劇化。補助自我が「へい，いらっしゃい，いらっしゃい」と言うと，3人とも笑顔でラーメン屋の前に駆け寄り，なのはなはラーメン，たんぽぽ，ひまわりはチャーシューメンを注文。補助自我の「替え玉いかがですか？」の声掛けに，たんぽぽが「替え玉」と反応すると，なのはな，ひまわりも「わたしも」と言い替え玉を注文する。シェアリングでは，なのはな，ひまわりは，「友達とラーメンを食べに行けて楽しかった」，たんぽぽは「おいしかった」と発言する。

【#13　絵カードの内容：玩具を独り占めする友達に一緒に遊ぼうと他の友達が誘うが，聞き入れない場面】
劇の展開：自分たちの実際に嫌だった体験について話し合い，そのことを劇化。

　なのはなが，テストの前に，教室内にある共有の電動鉛筆削りで鉛筆を削るのに，皆が待っているにもかかわらず筆箱の中の鉛筆を全て削っている同級生の話をする。この場面を劇にしてみたいかどうか尋ねると，してみたいと答える。1幕では，なのはなに自分自身の役をするかどうか確認するが，したくないと答えたため，他児になのはな役をしたい人はいないか尋ねると，ひまわりが立候補する。結果的にひまわりがなのはな役を，なのはなは他の同級生の役を，補助自我が他児のことを考えずに鉛筆を削る同級生の役をする。シェアリングで，なのはなは「1本で足りると言いたかった」，ひまわりは「そんなに削らなくていい，1本でいいと言いたかった」と発言する。そこで，2幕ではそれぞれが言いたかったことを実際に言う場面を劇化する。3幕では，監督の促しにより，なのはなと補助自我が役割交代を行い，なのはなは他者のことを考えず鉛筆を削る同級生の役をする。シェアリングでは，「うるさく言われてむかついた」と発言。4幕では，ひまわりに他者のことを考えず鉛筆を削る同級生の役を体験させ，なのはなはなのはな自身の役を行う。シェアリングでひまわりは，「(1本でいい，と) 言われたけど，もう終わったと言ってはね返した」と発言する。

1.4 考察とまとめ

　X年度に実施したPDD児の集団療育活動「寺子屋さくら」における心理劇実践の経過について先述した。

　なのはなは，＃2にも示されるようにX年度当初は絵カードに描かれた役をそのまま演じるのみで，役割交代には応じることができない等柔軟さに欠けるところが見られた。特に「男児の役」を演じる等日常場面ではありえないシチュエーションに対して抵抗が強かった。それが，＃7になると，他児に人間ではない物の役を依頼したり，自らも雨やてるてる坊主をイメージして演じたりすることができるようになった。更に＃12では，他児とラーメンを食べに行くというイメージを共有し，生き生きと演技している。シェアリングにおける「友達とラーメンを食べに行けて楽しかった」という発言は，まさに「生き生きとした情動表出」（髙原 2007）であるし，同時にその情動を他児とも共有したと言えるのではないだろうか。また，＃13では自らの体験を劇化したが，シェアリングでの発言を聞いていると，自分らしく演技をし，「今，ここで」感じたことを表現できたのではないか。従って，なのはなは，心理劇の経過を通して，より柔軟さが増し，他児と情動を共有する体験を重ね，より生き生きと自分らしく演技することができるようになったと言える。

　ひまわりは，＃2では，絵カードに示された役をそのまま演じ，役割交代も可能であった。＃7では，なのはな同様人間以外の役もイメージして演技することができた。そして，＃12では，他者と同じイメージを共有しながら生き生きと役割を演じ，豊かな情動表出を示すと共にその情動を他児と共有できるようになった。更に，＃13では，自分らしく演技をし，行為化することで感じたことを素直に表現することができた。ひまわりは，当初から役割交代を受け入れる等比較的柔軟性を示しながらも，一人よがりで周囲に合わせようとしないところがあったが，心理劇の経過を通して，他者と情動を共有できるようになったと言える。

　また，たんぽぽについては，他の2人に比べると知的能力の低さもあり，なのはな，ひまわりほど絵カードの内容を理解して劇に参加していたとは言い難い。しかしながら，「涙の止まるミルク」や「がん子ちゃんのてるて

る坊主」に見られるような彼女独特なファンタジーの世界を生き生きと表現しているし，人間以外の物もイメージして演技することもできた。何よりも，＃13の替え玉の演技に見られるように，彼女自身の自発性が他児の自発性を引き出すきっかけとなっている。

　監督は，なのはなが柔軟性に欠けていることに配慮し，心理劇の場が自由に演じられる場であることを理解させるため，人間以外の役も行うことができることを繰り返し説明し，補助自我も率先してそういった物の役を演じた。＃12では，3人が共有しているイメージを行為化できるよう，補助自我が積極的に場面の設定や雰囲気作りを行っている。＃13では，なのはなから出されたテーマで本人の思いに沿いながら丁寧に劇を展開していった。それによりひまわりも他児の出したテーマをイメージし自分らしく演技し，そこで感じたことを素直に表現できた。たんぽぽについては，彼女自身が持つ独特なファンタジーの世界を心理劇の中では自由に表現できるように努め，同時にそのファンタジーを他児と共有できるよう働きかけた。そうすることによりたんぽぽ自身他児と快体験を共有することができたし，彼女自身の自発性が他児の自発性を引き出すことにも繋がったと考える。

　以上のことから，対象のPDD児は心理劇を実践する過程において，絵カードに示された役割をそのまま演じるというレベル，いわゆる「役割取得」のレベルから，人間以外の役割も自由に演じたり，自分の役割をより自発的に，より感情豊かに自分らしく演じるというレベル，即ち「役割演技」というレベルへ役割レベルを発展させたと言える。高良（2005）が述べているように，「役割取得」，「役割演技」，「役割創造」というプロセスを通して，最終的に成熟した自己を確立させていくことを考えると，PDD児に心理劇を適用し，役割レベルを発展させたことは，彼女たちの自己の成熟に寄与したと言えるのではなかろうか。

　ただし，自発的に自らの役割を創り出していくという「役割創造」のレベルに至っているとは言えない。これは，PDD児が有する，創造力を集団の中で共有できないことと関連すると考えられるが，今後は，PDD児が「役割創造」という役割レベルを発揮することができる臨床的工夫につい

て検証する必要があると考える。

　先に，「寺子屋さくら」で実施した心理劇において，PDD児の役割レベルの発展という結果が得られたことについて報告したが，これは単に心理劇を実施し続ければ発展するというものではなく，対象となるPDD児に合わせた実施上の臨床的工夫が必要であった。

　まず第1に絵カードを使用した点である。絵カード導入前は，各対象児の体験を言語化させ，それを劇化しようと試みていた。しかしながら，ある児は自分の話したいことを一方的に話し，他児とイメージを共有できないまま役を演じるという結果になり，自分の話したいことを話し演技している児にとってはそれなりに自己実現できていたかもしれないが，他の参加児にとってみるとただその場にいるだけであったり，あるいは場から逸脱してしまったりすることもあった。この状態では療育的効果を上げることは難しいと考え，グループ構成を変えるとともに，導入時に絵カードを使用するようにした。視覚的に分かりやすい教材を導入に用いることで，対象児は同じテーマについて考える機会が拡大し，イメージを共有しやすくなったと考えられる。結果的に劇に参加できなかったり，場から逸脱したりすることはほとんど見られなくなった。これは，なでしこグループだけでなく，げんきグループ，はかせグループでも同様であった。絵カード等の視覚的に分かりやすい教材の利用はオーソドックスなPDDの支援法として定着していると言えるが，本対象児らにとってもそれは同様であった。当初は，絵カードに示された役割をそのまま演じることを繰り返し行ったが，そのことにより心理劇の中で「演じる」という型が定着し，役割レベルの発展に繋がったと思われる。従って，より自発的に自分らしく演じるという「役割演技」のレベルに至るまでに「役割取得」というレベルを十分に体験しておくことが必要ではないかと考える。

　さらに，対象児がより自発的に演技することが可能になってきた段階で，監督は導入時における絵カードの提示時間を短くしていった。提示時間を短縮し，絵カードはあくまでもきっかけ作りのみに利用し，「友達に挨拶したり，話しかけたりしてみよう」カード（#12）から友達同士で共通することについて話し合ったり，「分け合うことを学ぼう」カード（#13）から友

達と何か分け合った体験について話し合ったりする等，監督が提供する絵カードの内容に関連した話題に対象児の意識を向けるよう心がけた。特にたんぽぽについては，絵カード全体の内容を把握する力が弱いためか，療育の経過に伴い絵カード全体よりも絵の部分的な箇所，例えば登場人物の髪の毛の色等に固執する傾向が見られたが，これは自閉症の「刺激の過剰選択性」(Lovaas, O. I. et al. 1971) とも関連すると考えられる。絵カードの提示時間を短縮し，監督が提供する話題に意識を向けさせることで，たんぽぽが部分に固執することを予防できたのではないかと思われる。ただし，これはただ単に絵カードの提示時間を短くすればよいというものではなく，心理劇の場がたんぽぽ自身にとって自らのファンタジーの世界を生き生きと表現できる場であり，日常生活の中では他者から敬遠されがちな言動も，この場では他者から認められ，他者と快体験を共有できる場であったことが重要である。逆に言えば，絵カードの部分的なことに固執することよりも，劇の中で演じることの方が本人にとって有益なことだったため，導入時の絵カードの提示時間を短くしていくことができたとも言える。注目すべきは，佐藤ら (2007) が自閉症の子どもの共同注意の欠陥は，「刺激の過剰選択性」とも関係しており，多次元的な手がかりに反応することの指導によって，刺激の過剰選択性が減少し，加えて共変的な変化として共同注意が増えると指摘している点であり，絵カードの提示時間を短縮し監督の提供する話題，要するに多次元的な手がかりに対し反応を求めるという手法は，この点からも有効であったと言える。

　第2点目は，髙原 (2007) も発達障害児・者に心理劇を適用する際の留意点として，普通の支援より介入的であると述べている点である。本実践においても，先述したような絵カードを題材とした監督による話題の提供や，＃12における補助自我のラーメン屋の役割等，監督や補助自我がより介入的に状況を設定することによって，対象児のイメージが膨らんでいると言える。従って，特にイメージ化の困難なPDD児の心理劇においては，監督と補助自我が，この治療の目的と現在進行中の状況の本質を瞬間的に洞察して，それらを合致させ，協働して適切な介入を行うことが重要であると考える。

(池田顕吾)

文　献

Lovaas, O. I., Schreibman, L., Koegel, R. L. & Rehm, R.　1971　Selective responding by autistic children to multiple sensory input, Journal of Abnormal Psychology 77, 211-222

佐藤克敏・涌井恵・小澤至賢　2007　自閉症教育における指導ポイント——海外の4つの自閉症指導プログラムの比較検討から——　国立特殊教育総合研究所研究紀要　第34巻17-33

髙原朗子編著　2007　発達障害のための心理劇——想から現に——　九州大学出版会

高良聖　2005　スキルトレーニングとしてのサイコドラマ技法　臨床心理士報　第16巻（1号）61-64

2. 中学生の心理劇にみられた「とげとげことば」から「あったかことば」への変容

2.1 はじめに

第3章5節に述べたように，発達障害のある子供たちの社会性を高めるために著者が実践しているプログラムは，保護者からの発案に端を発している。「保護者は，その児童生徒を育ててきた最も身近な理解者であり，我が子の学習面や行動面での困難さもいち早く感じ取って」（文部科学省,2004）いる存在である。そこで特別支援教育においては「保護者のニーズ」を把握し，保護者の理解と協力を得ながら，個別の教育支援計画を作成し，具体的な指導に反映させていくことが重視されている。この節では，子どもの日常をともに過ごす母親の視点から気づいた気になる行動をとりあげ，その改善のために立案したプログラムの実践と，その日のドラマ（心理劇）に見られた行動変容について報告する。なお，ここに記す事例は，2007年日本LD学会第16回大会において発表したものであり，その内容の記載については，あらかじめ保護者の承諾を得ているものである。

2.2 中学生グループへの学習プログラムの実践

一例として200X年Y月Z日での取り組みを紹介する。

(1) 対象

200X年Y月Z日のLグループに参加したメンバー3名。

第4章　心理劇の実際(3)

　　（学年：これまで受けた診断名）
　Ａ男（中学３年男子：軽度の知的障害・広汎性発達障害（以下，PDD)。）
　Ｂ男（中学１年男子：PDD・LD）
　Ｃ男（中学３年男子：言語性LD・PDD）
　(2)　保護者からの近況報告（「あらあらエピソード」及び口頭による）
　Ａ男の母親より：（飲食店にて）１歳前後のよちよち歩きの子が，私たちのテーブルの上にあった注文表を取り上げてしまったとき，Ａ男が思わず大声で『だめよ』と叱ってしまった。私（母親）は，『こんなときは，優しく言ってあげるように』と注意したが，（その場にいた乳児の両親が気分を害したようで）すぐに店を出られたので辛かった。
　Ｂ男の母親より：スポーツクラブのインストラクターに暴言を吐くことがある。また普段から場に合わせた声の大きさの調整ができないことが気になっている。
　Ｃ男の母親より：グループに参加しているときでも，Ａ男君を怖がらせる言葉や，ちょっかいがめだつので心配。
　(3)　プログラムの概略
　①　はじめの会：当番による掛け声とともに，全員ではじめのあいさつ。新しいお兄さん・お姉さん（学生ボランティア）の自己紹介。
　②　導入活動：ゲーム「あったかことば」でビンゴ。
　③　課題活動：「こんなとき，どうする？」
　テーマ「小さな子供や，年上の人への素敵な言葉かけを身につけよう」
　④　ドラマ：「休日にみんなで遊びに行こう！」
　⑤　終わりの会：その日のセッションで行ったことの確認と感想。他のメンバーについて，よかったと思うところを発表。
　(4)　プログラムの実際
　①　はじめの会：スタッフとなる学生ボランティアが，年度の変わり目で入れ替わり，新年度のスタッフと初めて顔を合わせる日であったため，自己紹介を行った。メンバーの希望で，自分の好きなスポーツを紹介することになった。Ｂ男は，それぞれのスタッフが好きなスポーツを話すたびに，強い口調で否定的な発言を繰り返した。例えば，「テニスが好きです」

とあるスタッフが言えば，「そんなの（ボールがちゃんと）打てるわけないでしょう！」，サッカーならば「蹴れるわけないでしょう！」といった具合である。進行役であった筆者に小声で「B君，あったかことばは？」と言われると，「打てるわけないでしょう！」の同じことばを語尾を弱めたり，抑揚を変えたりしながら，どう言えば，「あったかことば」になるのかを何度か言い換えて試していた。しかし，どれもしっくりせず，違和感があるようで戸惑った顔になる。筆者は，「ないでしょう」という否定語以外の言葉を使うことに気づいてほしかったのであるが，それは通じなかったようで，あくまで発話の抑揚の問題としてとらえたB男は，そのうちイライラしたように，「やっぱり，『でしょう（強くきっぱりした声の調子に戻して）』というのが，はっきりしてていいの！」と言い切った。

　そのようなB男と進行役のやりとりを含めながら，全員の自己紹介が進んでいる間，自分の番を待っていたC男は，近況報告で母親が心配していたように，A男に対してわざと不快な言葉を度々発している様子であった。（そのときの正確な言葉は，VTR記録で拾えなかったが，A男がそれを嫌がっている様子も見受けられた。また，C男のそばにいたスタッフからも後でそのことが報告された。）

　②　導入活動：ゲーム「あったかことば」でビンゴ
　前の月のテーマであった「あったかことば」と「とげとげことば」の復習を兼ねて，ビンゴゲーム用のシートに書き込む「あったかことば」と「とげとげことば」のリストを作成した。「あったかことば」とは，聞いた人がほっとするような温かいことばである。逆に「とげとげことば」は人の気持ちを傷つける嫌なことばである。それぞれについて，メンバーからは表4-3のようなことばが挙げられた。

　「あったかことば」については，A男は一番に「ありがとう」を挙げたが，その後は沈黙してしまった。B男は，進行役が「あったかことば」につながる様々なヒントを出し，時間をかけて促してみたが，「終わり。もうない」と言うのみであった。C男はヒントに応じながら，一人がんばって，表4-3のようなことばを11個挙げている。それでもビンゴ用シート25マスの内，「あったかことば」で埋めることになっていた17マス分には足

表4-3 「あったかことば」と「とげとげことば」のリスト

	A男	B男	C男	スタッフ
あったかことば	ありがとう		嬉しい　ドンマイ 楽しい　面白そう がんばれ　いいでしょう すごい　かっこいい ごめんなさい 貸してください 仲良くしよう	だいじょうぶ よかったね 遊ぼう 大好き がんばったね
とげとげことば	キモイ ばか うざい	あんたのせいよ だめねぇ	だまれ あっちいけ 人の所為(せい)にするな うるさい 早くしろ	

りなかったので，スタッフからも「だいじょうぶ」，「よかったね」等のことばが補われた。一方，残りの8マスを埋めるための「とげとげことば」のリストを考えるときになると，それまでの沈黙から一転して，3人ともぽんぽん言葉が閃くようで，すぐに8マス分を埋めることができた。その後のゲームで，A男が1番，C男が2番にビンゴで上がると，B男が「また負けたぁ」と泣き出してしまった。B男の横にいたC男は，それを見て「(涙が)うわぁー，こっちに来たー！」と言う。またそのとき，少し離れて座っていたA男の方は，一番にビンゴで上がった嬉しさからか，弾むように身体を上下に動かしていた。そこで筆者が「B君，(ビンゴで)最後になっちゃったね。がんばれって，言ってあげようよ」と促す。そこで初めて，A男もB男のそばに寄り，うつ伏せているB男の背中をさすったり，顔を覗き込んで，C男といっしょに「だいじょうぶ」と声をかけた。

③　ロールプレイによる課題活動：

テーマ「年下や年上の人への素敵なことばかけを身につけよう」

　ロールプレイの技法を使って，あらかじめ設定していた「こんなとき，どうする？」という後述の4つの状況について，スタッフが乱暴な言葉遣いで対応する関わり方を示した。それぞれの状況ごとに，乱暴な関わり方が出た場面で，進行役（筆者）がストップをかけ，例えば「大事な本なの

に，小さい子に乱暴に扱われて破れそうだったから，慌てて注意したんだよね。でもこの言い方でどうだったかな？　小さな子はどんな顔してる？　みなさんだったら，こんなとき，どうする？」などと，その状況をもう一度確認した上で，相手の気持ちに注目した関わり方を考える時間を設ける。そこでメンバーから自分ならこうするというアイディアが出た場合，それをロールプレイで示すよう進行役が促す。メンバーが実演した対応の仕方について，相手（年下役，年上役のスタッフ）に感想を聞き，その場に相応しい関わり方を確認する。それによって修正を加えることもあったが，最終的にこの一連の手続きを踏まえる中で，メンバー3人はそれぞれが演じた役割を通して，優しい注意の仕方や丁寧な言葉で頼むこと等，望ましい関わり方を示すことができた。

　状況1　年下の子が決まり事を守れなかった場合（C男）
　状況2　小さな子が大事な本を乱暴に扱った場合（B男）
　状況3　雨が降り出して，父に駅までの迎えを頼む場合（B男）
　状況4　祖母が見ているTV番組のチャンネルを変えてもらう場合（A男）

図4-1　こんなときどうする？

第4章 心理劇の実際(3)

④　ドラマ「休日にみんなで遊びに行こう！」の実際

ねらい

その1：ロールプレイで学習した「年下や年上の人への素敵なことばかけを身につけよう」が，日常生活に般化されるための橋渡しとして，ドラマの中で使える機会を提供する。

その2：アクションを通してファンタジーの世界を楽しむというドラマを体験することで，仲間と遊ぶ楽しさを実感する。

その3：心理劇の構造から，自発的，創造的な仲間関係の発展を期待する。

参加者

主役：A男・B男・C男

監督：筆者（臨床心理士）

補助自我：学生ボランティア：男性4名（それぞれK・T・M・Wと略す）
　　　　　　　　　　　　　　女性2名（S・Yと略す）

観客：その他の学生ボランティア：女性3名

（学生ボランティアの参加人数は，通常1回のセッションで4，5名であるが，この回は，年度の変わり目で，新しいスタッフが全員参加したためにいつもより多人数となった。）

ドラマの展開

VTRに収録した記録を見直して，略記したものを以下示す。

監督が「日曜日なので，みんなでどこかに遊びに行きましょう。どこに行きましょうか」と切り出す。A男とC男が活発に希望を出し合って，○○温泉に行くことに意見がまとまる。監督が「子供だけで○○温泉に行くことはできないので，リーダーのお兄さんやお姉さんに頼んで，いっしょに連れて行ってもらいましょう」と促す。A男がいっしょに行く人として，スタッフのKとSを指名。交通機関に強い関心をもっているA男が，そのまま交通手段を決めることに夢中になっていたので，監督は「車でいくなら，運転はお兄さんにお願いしなければいけませんね。お兄さんは皆さんより，年上ですね」と投げかける。それを聞いてC男が「いいですか。お願いします」と言い，続いてA男が「車の運転，お願いします」と丁寧に頼む。5人乗りは狭いから，3列ある7人乗りがいいというA男。Kが

運転席，Sが助手席に乗ると，真ん中の列に2人，後部に1人乗ることになり，それが誰になるのかで少しもめる。C男が「A君が後ろに乗りぃ（乗ってよ）」というと，A男が「なんで僕が！」と反論。そこでC男が「じゃあ，B君」と指示すると，B男が「それなら」とひとりその場を外れようとする。するとA男が慌てて，B男を抱きかかえるように連れ戻し，自分が後部座席に行くことで，年下のB男に席を譲るという優しさを示した。途中，曲がりくねった道のりのドライブを楽しみ，車が温泉施設に到着する。

　そこにはチケットを切る受付職員（スタッフY）がおり，「お風呂場では危ないですから，絶対に走らないで下さい」と注意事項を伝える。女湯に向かうSと別れ，Kと3人の中学生は，湯船に浸かり，「気持ちいいー」と言いながら，泡風呂を楽しむ。そこへ幼児（スタッフT）が入ってきて，洗い場を走り回る。A男が「走ったらだめよー」と優しく注意する。C男も「走ったらだめでしょう。気をつけて」と優しく促す。監督が「小さい子はよくわからなくて危ないから，注意してくれたんですね。それじゃあ，みなさん，ゆっくり温まってくださいね」とメッセージを送る。そこで幼児Tも湯船に入るが，A男らにバシャバシャと水をかけて遊びだす。B男はそれを喜んで「気持ちいい」，「やったなー」と笑顔で遊び相手になる。一方，A男は大きな声で「やめろー」と言い，C男も「やめろ，やめろ，だめだって」と声をあげる。そこで監督が「小さい子なので，ふざけてバシャバシャしてますね。どうしましょう？」と投げかける。それを受けてB男が今度は「ここは，お風呂場なんだから静かに入ろうね」と優しく諭す。C男も優しい口調で「かけたら，だめだって。ちゃんといっしょに入ろう」と言いなおす。入浴後，受付職員Yにお奨めの楽しい場所を尋ねることになる。A男が代表して礼儀正しく職員に尋ね，遊園地を教えてもらうと，全員で「ありがとう」とお礼を述べる。

　遊園地では，ゴーカート2台（スタッフM・W）に分乗して，運転を楽しむ。腹這いになったMの背中にまたがり，ハンドル捌きが鮮やかなC男，その後ろで相乗りを楽しみ，上体を弾ませるA男，W扮するゴーカートの行く先にゴールを設定して張り切るB男，誰もが生き生きとした表情にな

第4章　心理劇の実際(3)　　　　91

図 4-2　こんなときどうする？

り，本当の遊園地さながら遊びの世界に浸っている。そこへ幼児Tがゴーカートの前を横切ろうとする。運転していたB男が「こらこら，危ないよー」，C男も「危ないから，ちょっと待ってて下さーい！」と，語尾を伸ばし明るい調子で声をかける。その後，Mのゴーカートが方向転換する際に，後ろに乗っていたA男が地面に倒れるというハプニングが生じた。A男は，ケガをしたことになり，救急車を呼んでほしいと言う。その事態は監督も予想していなかった展開であったが，病院のベッドで手が痛いというA男の横にC男が座り，丁寧に包帯を巻いて手当てする姿がみられた。その後，全員が車で無事家に帰りついたところでドラマを終了した。

⑤　終わりの会

当日の活動を振り返り，感想と他のメンバーのよかったところを発表してもらった。A男は一番に手を上げ，「B君とC君が，子供に優しかったのがよかったです」と発表する。続いてC男が「A君とB君は僕と同じくらい上手でした」（どういうところが？と聞くと）「正しいとこや，優しいところ」と述べた。B男は直前のドラマで生き生きとした表情を見せていた

図4-3 こんなときどうする？

が，終わりの会になるとうつ伏せで寝たふりをしてしまい，感想を促されても知らん顔であった。しかし，その後にA男の希望で，新しいスタッフにメンバーから興味のあることをインタビューするという時間が設けられたとき，それまで寝転んでいたB男が起き上がり，丁寧なことばと抑揚で，年上のスタッフの1人に質問をした。そこで終わりの会の進行役であった筆者が，その丁寧なインタビューの様子をB男のよかったところとして取り上げ，他のメンバーとともに拍手を送ってその日のセッションを締めくくった。

(5) 個別の事例の経過

① A男

導入活動

「あったかことば」を直接問われると「ありがとう」以外のことばを思いつくことができなかった。

ビンゴゲームでは，一番になった喜びが先に立ち，進行役に促されるまでは，負けて泣いているB男の気持ちに目を向けることができていなかった。

課題活動（ロールプレイ）

乱暴な言い方を演じるスタッフを見た後，おばあちゃんに「見たいアニメがあるから，（チャンネルを）変わってもらえませんか」と丁寧に頼むこ

とができていた。
ドラマ
リーダーであるお兄さんに車の運転を依頼する場面や，温泉職員に遊ぶ場所を尋ねる場面で自発的にその役を演じ，いずれも丁寧に対応することができた。年下のB男に車の座席を譲る優しさが見られた。また温泉の洗い場で走ったり，ゴーカートの前を横切ろうとする小さな子供が登場すると，優しく注意することができていた。ただ湯船でお湯をバシャバシャとかけられたときだけは，思わず「やめろー！」と声をあげていた。
終わりの会
セッションを振り返って，他のメンバーのよかったところを尋ねたところ，自発的に「B君とC君が，小さな子供に優しかった」と発表。

② B男
始めの会
新しく参加したスタッフが好きなスポーツをあげると，一つひとつに反応して否定する発言が見られ，それをうまく修正することができなかった。
導入活動
「あったかことば」は1つも思いつかず（考えようとせず？），「とげとげことば」は，すぐに2つ挙げることができる。ビンゴゲームで負けたと泣き出す。
課題活動（ロールプレイ）
小さな子が本を乱暴に扱うのを見て，注意する役。最初は子供役の行為に圧倒されたのか，固まって沈黙する。しかしスタッフに励まされると，「大事な本なんだから，くしゃくしゃにしないようにね」と優しく諭すように言うことができる。
ドラマ
始めは参加に乗り気ではなさそうな素振りで，その場を外れようとするが，A男に席を譲られるとその後は，素直に流れに乗ってくる。温泉の泡風呂やゴーカートの運転を楽しみ，笑顔が生き生きとしてくる。小さな子供には「ここはお風呂場なんだから，静かに入ろうね」と優しい声で注意することができる。

終わりの会

ドラマが終わるとそれまでの生き生きした態度から一転して寝転び，セッションの振り返りというグループの流れに乗れない。しかし，その直前のドラマで仲間との遊び心を触発されたのか，Ａ男の足をつまんでちょっかいをかけ，かまってほしいようである。

新しいスタッフへのインタビューになると起き上がって，「怖いものは何ですか」と丁寧な口調で聞くことができる。

③ Ｃ男

はじめの会

自己紹介で自分の番を待つ間，Ａ男が嫌がることをわざと言う。

導入活動

すぐには思いつかない「あったかことば」を粘り強く考え，多数のことばを挙げることができる。ビンゴに負けたＢ男の泣いている様子を見て，最初は涙という流れる"もの"に気が向いていた。スタッフに促されると，Ｂ男への励ましのことばが出てくる。

課題活動（ロールプレイ）

おやつを先に食べようとする年下の子に「ほらほら，食べるのはまだでしょう。いただきますをしてから，食べよう」と優しく声をかけることができる。

ドラマ

ドラマが始まるとすぐに，3列シートの車で後ろに乗るのは，自分以外のＡ男かＢ男が乗るようにと指示を出し，もめごとになる。温泉では，小さな子に「一緒に入ろう」と優しいことばかけがある。ゴーカートではＡ男の手を後ろ手に取り，二人乗りになって，躍動的な手さばきで運転を楽しむ。ケガをしたＡ男を見舞う場面では，自分からＡ男の包帯を巻く姿が見られる。

(6) まとめ

Ａ男の母親からの「あらあらエピソード」で，外食中に見ず知らずの小さい子供に，些細なことで厳しく注意してしまったことが挙げられていた。普段，母親から見ても，Ａ男は「優しくて，よく気がついて，人のお世話

をしてくれる」というよい面を持っている。しかし，その一方で「悪いことは悪いと，時と場，相手を選ばずに，ビシっと注意する」ところも見られる。もともと彼らにとって，場面によって臨機応変に対応を変えることは大変難しい課題である。そのことを母親は十分理解しているだけに，日常の生活を共にする中で，そのような出来事に出合う度に，相手の方の気持ちとの板ばさみで心を痛めることになる。その他，Ｂ男が目上の人に横柄な態度をとってしまうことや，Ｃ男が以前からグループの仲間を傷つけることばをわざと発してしまうことなどが，それぞれの母親から挙げられていたので，この節で紹介しているセッションの課題活動のテーマは，「年下や年上の人へ素敵なことばかけを身につけよう」とした。ロールプレイでは，メンバーが演じる前に，小さな子に声を荒げて注意することや，父親や祖母に横柄な態度をとる様子をスタッフが演じることで，相手の気持ちに目を向けることや，声の大きさ，乱暴なことばの不適切さを，客観的にとらえることを促した。その実演を見たことで，気をつけるべき点が明確に意識されたようで，自分がやるときは，適切な態度で演じることができていた。またその結果として得られた拍手により，自分のやり方が認められると，みな満足気な表情を示していた。しかし，このように区切られた枠組みの中で，何に気をつければよいのかが方向づけられ，焦点づけられているところでできることであっても，多様に変化する日常では，ここで学習したような対人関係を円滑にするスキルを，そのまますぐに使えること（般化）を期待できない。なぜなら場面が複雑になるほど，自分の関心が他に向いてしまい，その場にいる人の気持ちを気遣うことは，やはり彼らには難しいのである。そこでロールプレイのようなはっきりした枠組みを外れて，流動的に場面が動くドラマの世界でそれを使う体験を積み重ねることができるならば，日常への橋渡しとして道筋が開けやすいと思われる。温泉やゴーカートの場面で，監督は小さな子供を登場させた（ドラマのねらい１）が，どのように接すればよいかについての指示は出していない。しかしＡ男やＣ男は自発的に優しく声をかけ，「いっしょに入ろう」と創造的な「あったかことば」をかけることができていた。

　またＣ男は，普段，不快なことばでＡ男にちょっかいを出すという関わ

り方が多いのであるが，ドラマではケガをしたA男に自分から包帯を巻いた。それがいたわりの心から出発したものか，そのような場にふさわしい行為のパターンとして表現したのかは判別できないが，少なくとも相手を傷つけるのではなく，自分から手当てするという行為の自発性，創造性に大きな意味があると思われる。

このように一つのドラマの世界でA男，B男，C男は，この場を設けた監督の声に促され，仲間（主役）とともに，様々な状況（補助自我）に出くわしたが，それを温かく見守る観客の前で，安心して（自発的に）自らの力を発揮し，これまでのパターンから抜け出す創造的な役割を演じていた（ドラマのねらい3）。

また，はじめはドラマへの参加に気乗りせず，みんなで乗る車から，ふらりとひとり降りてしまっていたB男が，温泉では子供に水をかけられるといっしょにはしゃいだり，ゴーカートで目標地点をめざそうと張り切る姿が見られた。このドラマには，登場する人物以外，何も物を使っていなかったが，B男がじゅうたんの床を自発的に温泉の泡風呂に見立てたり，ゴーカートのサーキットに見立てたことは，素晴らしい想像力を発揮した姿であるし，まさにファンタジーの世界を仲間とともに楽しんでいたと思われる（ドラマのねらい2）。

さらにB男は，始めの会で新しいスタッフに，どのように接してよいのかわからなかったのか，横柄ともとられやすい否定的な発言を繰り返していた。しかし，ロールプレイやドラマを体験した後では，その態度が一変し，丁寧な口調で話しかけるようになっていた。

2.3 まとめ

以上，演じることを通じて見られた3人の変容過程について述べてきた。これらの変化は，ロールプレイと心理劇の両方を体験した相乗効果によるものと筆者は考えている。これまでの生育歴の中でその障害特性ゆえに，人との関わり方を十分に身につけていない彼らに対して，対人関係の中でこそ学べるような，いざこざを乗り越える力や，他者への思いやり，好ましい自己主張のあり方を期待するならば，やはり意図的にそれらを学ぶ場

を提供することが必要であろう。それも彼らの認知特性に合ったわかりやすい方法と，安全で安心できる場が提供されなければ，彼らの心はそこに開かれず，その学習は成立しないであろう。すなわち，相応しい関わり方（ソーシャルスキル）について，ロールプレイで注目し，それに対する明確な気づきを高めた上で，さらに心理劇の構造に支えられて，仲間やスタッフと共にファンタジーの世界で遊び，楽しむ関係を体験したこと，それによって他者の気持ちに目を向け，相手を尊重する意識を高めたことが，A男ら3人のよりよい人との関わりを示す行動変容につながったと思われる。

(吉川昌子)

文　　献

文部科学省　2004　小・中学校におけるLD（学習障害），ADHD（注意欠陥/多動性障害），高機能自閉症の児童生徒への教育支援体制の整備のためのガイドライン（試案）

3. あおぞらキャンプでのある ADHD 児に対する心理劇

3.1 はじめに

　第3章4節で述べたように「あおぞらキャンプ」とは，年に1回，夏季，2泊3日で，広汎性発達障害を有する児童・青年に対し適応能力を伸ばすことを目的に，種々の適応訓練・学習訓練を行っている療育キャンプのことである。対象は小学生以上の広汎性発達障害児・者で，毎年15〜20名参加している。キャンプ中，対象者にはマンツーマンで主に学生がトレーナーとしてつき生活場面や学習場面を一緒に過ごしているが，その中で心理劇はキャンプ最終日に実施している。

　本節では，そのキャンプに継続的に参加している一人のADHD児の心理劇での様子とその後のキャンプでの変化について報告し，このような宿泊訓練時で心理劇を行うことの意義について考察する。

3.2 事例の概要

A男（ADHD）。

小学校から特別支援学級に在籍。他者に対する暴言や他害などの問題行動があった時期もあった。200X年時，中学1年生。あおぞらキャンプには小学生の時より参加しており，心理劇もこのキャンプで体験している。

3.3 心理劇の目的と方法

心理劇の目的と方法については第3章4節「あおぞらキャンプ」を参照。

3.4 症例の経過

【200X年のあおぞらキャンプにて】

(1) 2日目（心理劇前日）の登山

A男は，キャンプ初日より，登山を気にしており，"登らない"との発言を繰り返していた。2日目の登山では，やはりA男は登山に行かずに，山の麓にある東屋で，本部待機のスタッフと過ごした。

(2) 3日目の心理劇

最初に，自己紹介をした。自己紹介のときに3つのカード，悲しい顔，楽しい顔，怒っている顔のどれかを選ぶようにし，気持ちの表出を補助あるいは促進させるようにした。A男は，怒っている顔のカードを指差した。監督に，どんな気持ちかと聞かれ「ぶん殴る気持ち」と言い，ジェスチャーでぶん殴る動作を示した。

背伸びと前屈など少し体をほぐしたところで，劇化に移っていった。2泊3日のキャンプを振り返り，監督が，「楽しいこともありました，嫌なこともありましたね。一番思い出に残ったことを話し合って劇にしたいと思います」などと言い，4つのグループに分かれて，キャンプ中のどんな場面を劇にするか話し合い，それぞれ皆の前で発表することになった。

舞台に出てくると同時に，A男は，「カンガルー，犬と，サルと，ライオン，トラ，」と指差しながらそれぞれが行う役を言った。さらにA男は「犬」役になり，監督は「ウサギ」役になった。設定は，みんなで動物になり，山登りをする場面だった。前の日の山登りではA男は登らなかったことか

ら，打ち合わせの中で，劇でもA男は登らないことになっていた。
　劇が始まると，補助自我らは「がんばろうか」など言って歩き始めた。補助自我がA男に「ちゃんと見送ってね」と声を掛け，皆はA男に手を振り山に登っていった。皆は「きつい」など言いながら登っていた。そこへ，観客席から補助自我が「わんわんわんわん，何してるの，こんなところで」とA男に声を掛けた。さらに補助自我は「一緒に登ろうよ」と誘った。A男は「留守番，お願いしています」などと言い最初は断った。補助自我が「鍵を閉めていこう」と言いながら鍵を閉め，「弁当，弁当」と弁当を探してリュックに入れているうちに，A男は玄関のドアを開けた。2人は玄関を出ていった。補助自我に「うちらはね，犬だから速いから，みんなに追いつくよ」と言われると，補助自我と一緒に皆が登っているところへ犬になってぴょんぴょん跳んでいった。そして，A男は皆と一緒に頂上へ登った。補助自我が「ここ頂上よ，よくがんばった」などと言うと，A男は他者と握手していた。そのあと弁当を食べることになったが，A男は犬になってぐるぐる走り回っていた。そこへ補助自我が「犬さん，いただきますの歌，お願いします」と言うと，みんなの所にいったん来たが，すぐに離れていった。A男は，いただきますの歌を歌わなかったが，補助自我と一緒に犬になって手を使わずにお弁当を食べていた。ここで劇が終わった。
　最初の予定とは随分違った劇になったと監督が言った。
　感想では，監督が「何の役ですか」と聞き，A男は，「犬です」と答えた。さらに，監督に「楽しかったですか」と聞かれると「楽しかったです」と手は犬掻きをしながら，いつもよりも高い声で表情良く答えていた。ウサギ役の監督は，「一緒に来てくれたので嬉しかったです」と言い，一緒に犬になって登った補助自我は，「楽に登れて，すごく早く着いたので楽しかったです」と言い，最後に加わった馬の役の補助自我は，「山頂で待つ役になりました。みんな一緒に来て，ご飯が食べられたので良かった」と言った。

(3)　200X＋1年のあおぞらキャンプ
　1年後の200X＋1年のあおぞらキャンプの登山では，「行かない」という発言があったり，登りながら，何かぶつぶつ言っていたものの，目的地

図4-4 山頂にて

まで登山した。登山の時は疲れたようであったが、頂上まで登りきった。下山は非常に辛そうで、トレーナーの手を握って一歩一歩下り、非常に疲れていた。

(4) 200X+4年のあおぞらキャンプ

　前日から登山に対して否定的、消極的な言動が見られた。A男は登山に対してあまり積極的ではなく、雨が降ってほしいと希望していたようだった。登山の当日の朝は憂鬱そうな表情であったがA男の気持ちを高めるために担当トレーナーが声掛けを行うと、A男も次第に気分が良くなっていった。登山で持っていく自分たちの班で作った班旗を自分から持ち出し、班旗を杖のようにして「仙人」になったりするようになった。登山時は、リーダー的役割を担い、後ろから来る班員を待つなどの他者を意識した行動が見られた。また他班員が班旗を持ちたいと言った時にもそれを受け入れすぐに渡し、下山時の最後の場面では、カメラが待ち構えているのを考慮してか、他の班員に班旗を持たせようとした行動が見られた。担当トレーナーは、以上のような様子から、登山に関してはA男も大変満足感

と達成感を得たように思えたと記録していた。

3.5　A男の様子とまとめ

　自己紹介では,「ぶん殴りたい気持ち」と今の気持ちを表現した。グループの話し合いで山登りの劇をすることになったことからみると，登山できなかったことが，ぶん殴りたい気持ちという表現になっていたのだろうと推察された。劇は，山登りの場面をすることになった。しかし,本人は「東屋にいる」という実際の登山の時と同じ設定で劇は始まることになった。登場する役は，皆動物であり，配役も本人が決めていた。このことは，山登りをしなかった，あるいは，できなかった自分の姿を直接みたくはないからではないかと思われる。

　劇が始まると，最初は留守番役になっていたのだが，対象児のことをよく知る補助自我が，前日の登山では登らなかったこと，心理劇での自己紹介での発言・表現や対象児が主役になったことなどの状況を見ていたからか，登山をさせようと皆が登山に出発した後に登山に誘ったところ，走って登山したのである。感想でも「楽しかったです」と発言した。本当は登山したかった，あるいは何かが気になり登山しなかったのであるが，この心理劇場面では登山し，さらに「楽しかった」と言ったのである。これらのことから，本当は皆と一緒に登山したいという気持ちをもっていることが推察された。数年後の同じキャンプでの登山の様子では，できれば登りたくないという状況が見られるものの，登山には参加し，さらに他児に対してはリーダーのような立ち居振る舞いまで見られている。登りたくないと消極的な気持ちはあるものの,やはり登りたいという気持ちも見られた。さらには集団のリーダーとしての役割意識もあったのだろうと思われる。

　対象児は，このキャンプに何度も参加している。関わり手のスタッフも本人の状態を把握できている。これらのことから，対象児は安心することができた。その安心した状態で，心理劇に参加した。そこでは，本人も心理劇の体験をしていることから，動物になってという形で劇に臨むことができたし，そのようなA男の情況にスタッフが気付くことができ，補助自我となりA男に関わることができた。

これらのことにより，A男はこの心理劇以降のキャンプでの登山には参加しているし，さらにリーダー意識も持って活動できるようになり，それまで以上にキャンプを楽しむことができるようになった。

山に登りたくないと表現しながら，同時に登山をしたいとの思いもその表現の中に見え隠れしており，この心理劇ではその本人の思いを監督と補助自我がうまく察知し，本人の気持ちを引き出した劇である。

3.6 おわりに

以上のように，この事例では「あおぞらキャンプ」での年1回の心理劇を体験したことでなんらかの変化が見られ，その後のキャンプにおいて楽しめる幅が広がった。定期的に心理劇を施行されない発達障害児においても，心理劇を体験することで効果がもたらされることがあり，そのことで他者との関係がうまくいき，自分の世界が広がるきっかけとなることがこの実践で示されたと考える。

(松井達矢)

4. 発達障害者へのロールプレイを用いた支援（実践例）
―― アスペルガー障害者のソーシャル・スキル獲得のための援助 ――

4.1 はじめに

今日発達障害を持つ青年の専門学校や大学・短大への進学者が，目に付くようになってきた。しかし，専門学校や大学・短大において学校内での適応を援助したり，キャリア教育をも視野に入れた指導は十分に配慮されているとは言い難い。

ここに述べるのは，学校において不適応感を自覚し相談に訪れたアスペルガー障害をもつ学生の学内での適応援助を行った事例報告である。特にここでは初期における社会適応に関する学習支援として行った，ロールプレイを用いた職員室訪問時の社会的技能を身につける訓練と，実際の職員室訪問で行った援助について述べる。

社会においては障害者がどのような支援ニーズを持っているかは理解しにくいのが普通である。以前に比べたらかなり理解は進んだかに見える

が，目に見える体の不自由さでもまだ理解が得られないわけであるから，自閉症者や知的障害者，精神障害者のような内面的な障害はより一層理解してもらいにくい。

　障害者にとって，もし可能ならば自分にはどのような支援が必要であるかを理解し，かつそれを必要なときに他人に伝えることができれば，社会的な適応がやりやすくなるであろう。あたかも視力障害者が街角で支援を必要とする事態が生じた場合に，白杖を高くあげて援助を求めるように，自閉症などの障害においても誰かの支援が必要な場合に，自ら援助を求める能力の開発が望まれる。アメリカにおける自立生活運動では，このように自ら援助を求める能力も重要視されている。今回の実践例はこのような視点からなされたものである。

4.2 相談援助の契機

(1) 相談者
　Aさん（19歳）。某大学在学生。
(2) 相談の契機
　著者が相談員として勤務する学校の学生相談案内を見て訪れた。
　初回面接時における相談内容は，
　① 自分は「学習障害ではないか」などいくつか思い当たることがある。
　② 授業を受けても先生がたくさん話されると分からなくなって他のことを考えてしまう。黒板に書いてもらえれば理解しやすい。
　③ これまでにいじめられたり，相手にされなかったりした経験があるので，人が自分の悪口を言っているのではないかと気になり，友人ができない。

4.3 相談の経過と援助したこと

　① まず相談に訪れたことを歓迎した。初回面接では，相談室を自分で探して来室できたことを評価し，歓迎し，相談員との良い関係づくりを心がけた。
　② Aさんとの面接によって本人の悩みを聞いた。

その結果「長い講義を聞いていると何を言われているか分からなくなってしまう」,「自分は耳で聞く講義よりも,目で見せてもらった方がわかりやすい」,「これまで人にからかわれてきたり,無視されてきて人から被害を受ける感じがする」,「自分はインターネットで調べたら学習障害ではないかと思うようになった」,「カウンセリングを受けたい」と来室理由を述べられた。

　③　面接時の話し方が抑揚がなく,前置きしたりしないでいきなり結論に向かう話し方,人の感情への配慮があまり感じられない印象を受け,自閉症スペクトラムの範疇にあるという印象を持った。

　④　そこで,精神科医の受診を勧めるとともに,これから授業を受けていく上での困難をどのように乗り越えるか相談していくことにした。

　⑤　精神科医による診断。公的機関の児童精神医学に詳しい医師を受診し「アスペルガー障害」という診断を得た。

　⑥　診断結果を受けてアスペルガーの特性とＡさんの自覚している自覚との照合を行い,Ａさんが自分の特徴について理解した上で,その特徴を周囲の人にも理解を得ながら,援助が必要なときには援助を求めることができるようになることが望ましいとして,それができるようになることを援助の目標の一つとした。

　また,視覚優位の理解力について,それが一つの特徴でもあることを説明し自覚を促した。

　さらに,対人的な被害感についてはカウンセリングを行うことにした。

　⑦　本人の自己理解とともに,授業に関して担当の教員に「自分を理解してもらう必要性」があることを話し合った。

　⑧　その上で,自分のことを他人(教員)に知ってもらうことが必要であるので,教員に自ら説明することを勧めた。しかし最初はＡさんに自分のことを他人に話したらまた以前のように誤解されはしないかという不安が生じたので,しばらくそのことに関してカウンセリングで話題にした。

　⑨　ようやく先生方に説明するという気になったので,その準備のための練習を行うことにした。要約すれば次の内容である。

＊ロールプレイ（ソーシャルスキル・トレーニング）

職員室に行き，
1) それぞれの先生に自分の状態を話し
2) 授業の際に，プリントを配るか，黒板に書いてもらうことを依頼する。

⑩ ロールプレイを行った後に職員の部屋に行き，実際に先生方に理解を求めた。

その際に，相談員は，補助自我としてAさんに付き添った。

⑪ 授業がうまくいきだしてからも，本人のカウンセリング，保護者への説明を継続した。

4.4 ロールプレイによるソーシャルスキル・トレーニングの実際

4.3⑨を詳細に練習した。手順，内容は次の通りである。

① ドアをノックする。
② 職員室のドアを開ける。
③ 挨拶をし，自己紹介をする。「こんにちは。突然お邪魔をいたします。私は○○科のAと申します。先生にお話ししたいことがあってまいりました」，「今お時間はよろしいでしょうか」
　→よいと言われたら，「ありがとうございます」
　→悪い，忙しいと言われたら「それではいつ頃おたずねしたらよろしいでしょうか」とたずねる。
④ 授業についてお願いがあることを述べる。「実は，私についてご理解いただきたいことがあります」
⑤ 自分の理解力について，目で見て理解することが得意であることを話す。
⑥ 耳で聞いて理解することが苦手であることを話す。
⑦ それが「自閉症（アスペルガータイプ）」という特徴からくることを説明する。
⑧ 先生に，授業中お話が終わると，黒板に話の内容を箇条書きにしていただきたいことをお願いする。

⑨　先生からの質問に答える。
⑩　「どうぞよろしくお願いします」
　　「貴重な時間をとっていただきありがとうございました」
　　「失礼しました」
⑪　ドアを開ける。
⑫　ドアを閉める。

4.5　職員室訪問時における相談員の補助自我的活動

　ロールプレイをした上で，相談員（著者）が同行して，職員室を訪問する。できるだけ相談員は口を出さずに，本人に説明してもらう。しかし，教員に誤解があったり（自分の授業へのクレームと思ったり，何が言いたいのかよくわからないという態度を示されることがあるなど，結構誤解されることがある）本人がうまく言えないときにフォローする。
　いわば心理劇における補助自我的な役割である。

4.6　具体的な留意点

(1)　目的について，本人とよく話し合う。全体を箇条書きにして示す。全体を4パートに分けて練習する。

【第1段階】
①　ドアをノックする。
②　職員室のドアを開ける。
③　挨拶をし，自己紹介をする。「こんにちは。突然お邪魔をいたします。私は○○科のAと申します。先生にお話ししたいことがあってまいりました」，「今お時間はよろしいでしょうか」
　　→よいと言われたら，「ありがとうございます」
　　→悪い，忙しいと言われたら「それではいつ頃おたずねしたらよろしいでしょうか」とたずねる。

【第2段階】
④　授業についてお願いがあることを述べる。「実は，私についてご理解いただきたいことがあります」

⑤　「私は，お医者さんからも言われていますが，理解する仕方に他の人と違った特徴があります。
　それは目で見て理解することが得意であるにもかかわらず，耳でお話を聞いて理解することが苦手であるということです。」
【第3段階】
　⑥　「そこで，先生にお願いがあります。」
　「先生がお話しされる際に，お話が終わった後で，黒板に箇条書きで書いてくださると助かります。」
　「どうぞよろしくお願いします」
　⑦　先生からの質問に答える。
　　先生からの想定質問をして，相談者と会話してみる。
【第4段階】
　⑧　「どうぞよろしくお願いします」
　「貴重な時間をとっていただきありがとうございました」
　「失礼しました」
　⑨　ドアを開ける。
　⑩　一礼してドアを閉める。
　(2)　自閉症者は，その会話の仕方がぶっきらぼうで唐突な物言いに聞こえることがある。そこで，本人にその機微が分かればよいが，分からない場合には言いやすい表現を工夫して覚えてもらう必要がある。
　（心理劇を利用する方法は，心の機微を理解するような援助と，今回のように，とりあえず周囲の人に理解してもらう方法を会得してもらうやり方に分けられるであろう。）
　(3)　何よりも，このような方法を会得することの意味をわかってもらい，動機付けをすることが必要である。

4.7　実際の練習

　相談室で，数回にわたって行った。まず職員室に入るときにはどのように訪問するかを話し合う。Aさんはドアをノックすることや，「こんにちは」と挨拶することはできたが，先生の都合を確かめることや，自分が訪

図4-5　こんにちは

問した目的について説明することはできなかった。そこで，訪問したときに相手の都合を聞かないと，先生には大事な用事があって相手できないこともあることや，突然話しかけてもびっくりしたり，何を話したいのかわかってもらえないことがあるということを理解してもらうことにつとめた。

　その上で，会話によるシミュレーションを行い，それを紙に書くことにした。上記のような手順を話し合いの末に決め，それを手渡した。

　その上で，上記のように4段階に分けて，相談室を職員室に見立てて練習することにした。まず本人にやってもらい，うまくいかないところは，それを指摘するのではなく，もう少しうまくやる方法を考えようと提案し，著者がモデルを示して練習してもらった。話し方のぎこちなさはやや残ったものの，ある程度できるようになった。

4.8　職員室への訪問

　実際の職員室訪問には相談員（著者）が付き添った。著者の役割は先にも述べたように，Aさんの訪問の仕方が唐突な感じを与えたり，先生に過

度の要求をしていると誤解されたり，あるいは先生の指導法にクレームをつけているのではないかと思われたときに，説明の補足をしたり，状況の説明をしたりする役であった。できるだけ控えめにしていたが，著者の付き添いについても簡単に説明が必要な場合もあったので，「わたしは担当の相談員ですが，今日はＡさんが先生にお願いがあるというので付き添いで参りました」と付け加えた。ほとんどの先生は理解してくださったが，やはりＡさんが，「目で見て理解するのはできるが，耳で聞いて理解することが苦手」という説明のところで，うまく理解してもらうことが難しいことがあった。その場合には，「このような傾向が極端な場合があって，それがＡさんの場合なのです」と補足した。

これは社会的には，もしＡさんが就職するような場合には，ジョブコーチ（職業指導の際の付き添い指導員）の役割にも必要なことだと感じた。

4.9 まとめ

今回は，アスペルガータイプの学生Ａさんが，学校でその特徴ゆえに耳で聞く講義がうまく理解できないということで，それを自ら先生方に説明する課題をソーシャルスキル・トレーニングを行って，その上で実際に実行してもらう実践例を報告した。障害者が自分の障害の特徴を把握し，それを他人にうまく伝えて理解してもらうことで，適応をよくするという試みであった。幸いにも，先生方が授業に工夫をしてくださることができ，本人も学業を続けることができた。このことを通して，今後もし社会に出た場合にも，Ａさんが上手に自分の特徴を話し，周囲の理解を得ることができればと願っている。

障害者が社会で自立的に生活する場合には，障害を改善したり，自立能力を高めるように援助されることが多い。しかし，広い意味での自立には自己の障害を理解し，それを他人に分かってもらうことや，必要な援助を申し出て生活をやりやすくしていくことも必要である。また様々な支援機関についての情報を持ち，それを使いこなしていくことも必要である。このような考えは「自立生活運動」の中でも示されている。

今回報告したのは，このような考えに立ち，他の人々に自分の特徴を説

明し，どのような支援が必要かを要請するという試みであるが，相談室においてのみならず，将来の社会的自立に向けても社会の中で同じような試みが必要ではないかと考えて行った。しかし応用力のない発達障害者の場合には，社会の中では，その場に合わせたプログラムを作り練習してもらうことが必要になることも考えられるので，その場合の援助も考えておかなければならないだろう。

(金子進之助)

5. 高機能自閉性障害女性の抱く「異性に対する思い」に触れる心理劇

5.1 はじめに

自閉性障害者の中核症状として対人関係性の障害が挙げられており，人と深く親密な関係を形成することは困難とされてきた。以前は自閉性障害者の方が恋愛的な異性への感情を抱くことは，不可能であるかのように考えられていた。しかし，自閉性障害者の自伝のなかで，自閉性障害者が恋愛感情を抱くことや結婚生活を送ることが報告されてきた（ジェリー・ニューポート他，2007，ドナ・ウィリアムズ，2000）。さらに，髙原（2002）も，高機能自閉性障害者の男性の失恋をテーマにした心理劇について報告している。

ここでは，高機能自閉性障害者の女性が男性に対して憧れを抱き，その男性との一つの別れを自分なりに受け止めていった心理劇のプロセスについて報告する。

5.2 方　法

ここで紹介する心理劇は，第2章で紹介した林間学校での心理劇である。心理劇のスタッフや留意点等は第2章5節（42ページ）を参照してほしい。

5.3 心理劇の実際

テーマ「かっこいい先生，さようなら」

(1) 事例

夏美（仮名）。高機能自閉性障害。女性（30代）。

(2) 事例の概要

養護学校高等部卒業後，食品工場で働いていたがリストラされ，その後，通所施設を利用している。男性アイドル系の容姿の男性数名に興味を持ち，唐突に自宅に電話するなどの行動がある。

症状として，こだわりが強く，対人関係の困難性，独自の発想に基づく社会的行動などがあり，他者とうまくいかないときには鬱的な状態を示したり，不安症状が表れたりした。

本劇施行の直前に本人が大好きな男性職員の一人（夏男先生：仮名）が退職し，そのことで不安定であった。

(3) 配役

劇化において夏美の補助自我，もしくは重要と思われる役割について表4-4に示す。夏男先生のダブル以外は夏美の自発的な配役であった。なお，筆者は夏美のダブルを演じた補助自我として参加した。

表4-4 補助自我（重要な役柄）の選択

役割		配役された人	性別	夏美からの役柄の説明
夏美 自身の役	本人	キャンプメンバー	男性	「おとなしくて，いいかた」
	ダブル	スタッフ	女性	
	ダブル	ボランティア	女性	
	ダブル	ボランティア	女性	
	ダブル	ボランティア	女性	
	ダブル	ボランティア	女性	
夏男先生	本人	キャンプメンバー	男性	「格好よくて，やさしくて，親切でいい先生で男性アイドルなみの先生でした」
	ダブル	スタッフ（＊監督からの配役）	男性	
精神科 の医師		スタッフ	男性	
神様		スタッフ （林間学校名誉校長）	男性	

備考：以下のように記す。
　　高機能PDDの参加者：キャンプメンバー
　　林間学校のスタッフ：スタッフ
　　初対面のボランティアスタッフ：ボランティア

(4) 心理劇の流れ

夏美の言葉を「　」，スタッフとボランティアの言葉を〈　〉で記す。

ウォーミングアップで夏美は一番に挙手し，「ちょっと秘密と内緒で恥ずかしい話が……」と2ヵ月前に夏美の担当男性職員である夏男先生が退職したことの劇化を希望した。夏美は男性職員の退職した正確な日にちを記憶していた。その時の自分について「寂しくて，元気もなくて，食事も喉が通らなくてストレスがたまって，それでトイレの中で鍵を閉めてひきこもりながらずっと泣き続けていました」と話した。夏男先生のことは「格好よくて，優しくて，親切で，いい先生で，男性アイドルなみの先生でした」と表現した。

① 第1幕 「別れと涙」

夏男先生との別れとトイレで夏美が泣いている場面を再現した。夏美は管理栄養士の女性の役を演じた。

別れの場面では，夏美はその時の感情を，「悲しい」，「ガーン」，「ショック」などの言葉やうな垂れた姿勢で表現した。劇の中で，夏美のダブルがうな垂れた姿勢で〈悲しい〉〈ガーン〉〈ショック〉などと表現すると，夏美は担当職員の言葉に頷きながら，硬い笑顔を浮かべ，目には涙をためていた。

トイレで泣いている場面では，その時の感情を「悲しい気持ちでした。ショックで寂しくて」と言い，その時の自分の様子を「ポロポロ，しくしく，黙って泣いていたんです。心の中で，若くてかっこいい男の先生が絶対に新しく入ってきますようにってお祈りしていたんです」と答えた。夏美役とダブルが夏美の表現を再現するように演じた。夏美は夏美役たちから遠く離れ，背を向けており，その時の自分を直視することを避けているようであった。さらに，施設職員役が夏美役を心配してトイレに様子を見に行こうとすることも止めた。その理由として夏美は「恥ずかしいと思いますから」と答えた。シェアリングで夏美は「ショックで悲しそうで寂しそうな感じでした」と淡々と答えた。その後，夏美役のダブルが〈心の中は本当に悲しくて……。突然のお別れでショックなのと，悲しいのと，いろいろ混乱してしまう〉と言うと，夏美は鼻をすすりながら「はい」と頷

第4章　心理劇の実際(3)

きながら聞いていた。

②　第2幕「相談と祈り」

　監督から夏美に今の気持ちを楽にするためにどのような場面が必要か確認すると，夏美は所属している施設の嘱託医師である精神科医師に相談する場面を希望した。夏美は最初に自身が演じることは拒否し，ミラー技法を用いて場面を見ていたが，途中から精神科医師役のダブルとして参加した。夏美役のダブルが〈夏男先生が急に辞めるっていって，ショックでガーンときて，昨日もトイレにひきこもって泣いて，そのストレスで落ち込んでしまいました。……どうしたらいいですか？〉と夏美の言葉を模倣して話すと，精神科医師役の夏美は「少しらーくに（楽に）待っていたら，月曜日ぐらいに若くて格好いい男の先生があと2人か3人か4人ぐらい新職員として絶対に入ってくるから，安心して待っていてね」と答えた。夏美役のダブルが〈本当に来るんですか？　来なかったらどうしよう〉と不安を訴えると，夏美から神様に祈ることが提案された。夏美は見本を見せるように，神様の前で頭を床にこすりつけるようにひざまずいて手を合わせ「月曜日から夏男先生みたいに若くてかっこいい男の先生が2人か3人か4人ぐらい，新職員として絶対に新しく入ってきますようにって何回でも声を出しながら夏美さんたちがお祈りしたいです」と何度も繰り返した。そこで，夏美役たちは全員で夏美の言葉を模倣し，神様にお祈りした。シェ

図4-6　神様，お願い！

アリングでは夏美役のダブルが〈神様が叶えてくれると言ったので、すっとする気持ちがしました。……不安ではなくて、頑張って待っていられそうな気がしました〉〈神様に祈りが届いて安心しました〉と言うと、夏美は笑顔になり「はい」と答えた。

③　第3幕「励ましと恥ずかしい自分との別れ」

最後に夏美が「トイレで泣いた自分を倉庫に鍵を閉めて閉じ込めておく場面」を希望した。その理由として「寂しくて、忘れられないからです」と答えた。夏美は管理栄養師役を演じ、〈悲しーよ〉〈シクシク〉と泣いている夏美役とダブルを尻込みしながらも倉庫に誘導し、ドアに鍵をかけた。シェアリングでは、夏美は「少しらーくに（楽に）なって、落ち着いた気持ちがしました」と表情よく答えた。

全員で役割解除を行い、再度夏美は劇のことを秘密にするように参加者に念押しした。

(5)　心理劇後の様子

心理劇後は退職した男性職員に関する発言は殆どなくなった。最近は次の年に入職してきたある男性職員がとてもかっこいいとスタッフに嬉しそうに話しかけてくる。

5.4　まとめ

ここで紹介した心理劇は、自閉性障害者の女性が特定の異性との「別れ」をテーマにした心理劇である。自閉性障害者であるダニエル・タメット（2007）は人を初めて好きになったときの感情について「彼[*1]の姿を目にするだけで不思議な感情を抱いた。口のなかが乾き、胃がきりきりし、心臓の鼓動がとても速くなった。最初は、毎日学校で彼の姿を見るだけでよかったのだが、彼が遅刻してきたりすると、授業に身が入らなくなり、彼が来るのを今か今かと待ちわびた」と、甘く切ない感情を表現している。夏美もまた、心理劇の中で夏男先生との別れについて、「寂しくて、元気もなくて、食事も喉が（本人の発言のママ）通らなくてストレスがたまって、そ

[*1]　ダニエルと同級生の男子生徒

れでトイレの中で鍵を閉めてひきこもりながらずっと泣き続けていました」と表現し，その時の自分を見られることに対しての恥ずかしさも表現している。また，夏美は心理劇の中で，自分を支え，自分の気持ちを表現してくれるダブルに多くの女性のスタッフを選択しており，ダブルの言葉に目に涙をためながら頷く様子も見られた。自閉性障害者である夏美が女性としてある特定の異性に対して恋愛的な感情を抱いていたこと，そしてその異性との「別れ」が夏美に大きな悲しみや戸惑いを抱かせていたのではないかと思われる。また，タメット（2007）は失恋した時のことを「僕は悲しみや不安を覚える時にいつもすることをした。心を落ち着かせてくれる好きな音楽を聴いたのだ。（中略）何百回も繰り返して聴くことがあった」と，悲しさと不安を儀式的な行動で和らげたことを表現している。自閉性障害者のなかには，不安な状況に陥ると儀式的な行動への没頭を強める人たちがいる。夏美もまた，心理劇において「月曜日から夏男先生みたいに若くてかっこいい男の先生が2人か3人か4人ぐらい，新職員として絶対に新しく入ってきますようにって何回でも声を出しながら夏美さんたちがお祈りしたいです」と同じ台詞を繰り返し，ダブルにもこの言葉を完全に模倣することを望んだ。心理劇の場面で夏美が何度も繰り返した台詞も，夏美が自分自身の不安を落ち着かせるためにしていた，儀式的な行動ではないかと思われる。心理劇の中では，夏美の儀式的な行動を共有していった。自閉性障害者の心理劇では，不安な際に表現される彼らの儀式的な行動を尊重し共有することが，彼らが安心感を持ちながら自分自身の抱える気持ちの整理に向き合うことに繋がるのではないかと考えている。

　夏美の心理劇は本人の希望をもとに場面を設定しており，最初は夏男先生との「別れ」という現実場面の再現から，神様との会話，最後には泣いている自分を倉庫に閉じこめ，ファンタジックな場面へと展開していった。福田ら（2008）はアスペルガー障害者は，日頃それぞれが大切にしている「こだわり」の世界があり，それを表現することを強く望んでおり，心理劇の場でそれを皆と表現することに意味があることを示唆している。また，楠（2007）は彼らが頭の中でイメージすること（想^{おもい}）を実際に心理劇の場で監督が取り上げ，補助自我の援助を得て「現実的」に体験すること（現^{うつつ}）

で他者が自分に共感してくれることを体験し，自分の存在を再認識し，日頃の人間関係で傷ついた心が癒されると述べている。ここで紹介した心理劇においても，夏美は自身の「想(おもい)」をファンタジックなかたちで表現していった。ファンタジックな場面ではあるが，その中で夏美は補助自我の共感的な支えを「現実的」に体験し，落ち着きを取り戻していったように思われる。

また，夏美はこの心理劇で，自分自身の役に6名（本人＋ダブル5名）を求めている。髙原（2007）は高機能自閉性障害者の失恋をテーマにした心理劇で，苦手な言葉や微妙なニュアンスの分かりにくさを，彼の表情・姿勢から察知し，言語化して返したり，共感を示したりすることと，自閉性障害者の自我を強化してくれる存在としてのダブルの有効性を示している。夏美の心理劇では，ボランティアとスタッフが異なるダブルの役割を担っている。ボランティアのダブルは，髙原（2007）が述べているような，夏美の気持ちを言語化する役割を担い，スタッフであるダブルは，「すぐに新しいかっこいい男性職員が来る」という夏美からの提案に対して，「もし来なかったら」という現実的な不安を訴えるなど，ファンタジックな夏美の世界にいながらも，現実的世界とをつなぐ役割を担っている。自閉性障害者が一人で内的なイメージの世界に留まるのではなく，他者と共に内的イメージを共有し，内的なイメージを変化させていく可能性を心理劇の構造が持っていると思われる。

最後に，筆者はここで紹介した1セッションの心理劇で，夏美の悲しさや不安が全て解決できているわけではないと考えている。夏美が悲しい気持ちや不安な思いを抱えながらも，日々適応的に生活していけるための一助であると考えている。以前から，夏美は日常生活の中で不安な出来事があると，事前に心理劇で主役を演じることをスタッフに強く希望してきていた。つまり，夏美にとって一人で抱えることができない気持ちが生じたときに，内的な世界を表現し，受け止めてもらえる場所が常に存在することこそが，彼女が様々な出来事を体験しながらも，社会で適応的な生活をしていくことの支えになっていると考えている。この意味で，自閉性障害者への心理劇は，彼らの生涯発達を支える継続的な支援であることが大切

と思われる。 （渡邊須美子）

文　献

ドナ・ウィリアムズ　2000　自閉症だったわたしへ．河野万里子（訳）新潮文庫
福田敬介，髙原朗子，池田顕吾　2008　アスペルガー障害児・者への心理劇——自我強化の為の訓練合宿における実施を通して——　心理劇研究第31巻　1-2号，45-56
ダニエル・タメット　2007　僕には数字が風景に見える．古屋美登里（訳）講談社
ジェリー・ニューポート，メアリー・ニューポート，ジョニー・ドット　2007　モーツァルトとクジラ．八坂ありさ（訳）日本放送出版協会
楠峰光　2007　「想から現に」とは．髙原朗子（編著），発達障害のための心理劇——想から現に——．九州大学出版会，pp. 3-8
髙原朗子　2002　青年期自閉症者に対する心理劇の効果——10年間の実践の検討——．特殊教育学研究，40(4)，363-374
髙原朗子　2007　心理劇治療の実際(2)．髙原朗子（編著），発達障害のための心理劇——想から現に——．九州大学出版会，pp. 68-110

6. 高機能広汎性発達障害者に対する心理劇
——今，ここで育ちあう体験——

6.1　はじめに

　ここでは，1年に1度行っている高機能広汎性発達障害の青年を対象とした林間学校での心理劇実践を紹介する。この実践では，スタッフとして入る参加者が，初参加のボランティアが多いのが特徴で，いわゆるセミ・オープン・グループとして位置づけられている。よって，特に心理劇経験が少ない初参加のボランティアスタッフは心理劇場面の中で自分がどう動けばよいのか戸惑う場面も多い。通常の発達障害者を対象とした心理劇では，対象メンバーはもちろんのこと，そこに入るスタッフも同一メンバーであるクローズド・グループの形態が多いと思われる。しかし本キャンプでは，対象者が心理劇を長く経験している背景もあり，障害児臨床に関わる者で監督が認めた者であれば，その心理劇場面に直接参加でき，一参加者として心理劇実践に関わることができる。もちろん，そのような独自の構造であるからこそ，心理劇で話されたテーマは守秘義務を遵守することが強調されている。

したがって，心理劇の実践においては，まさにその場で初めて出会った様々なメンバーによって，対象者が抱える日常の自分自身に関する問題や，日常では実現できないような演じてみたいイメージの場面を持ち寄り，監督が彼らの内面のどこに焦点を当てるか随時リードしながら，皆で心理劇を創っていくのである。

　よって，初参加でしかも心理劇経験が少ないボランティアスタッフが対象者の相手役として演者を務めるときは，監督と経験豊かな補助自我との連携により，対象者と演者を守りながら気づきを深めていくような丁寧な援助が展開される。そうして，対象者と演者としてのスタッフ自身も，自分の内面に触れながら創造性・自発性が発揮されていくのである。

　そこで，ここでは高校時代に果たせなかった思い出をずっと心に拘って抱えていた高機能広汎性発達障害の青年Ａ男の心理劇セッションを紹介する。この心理劇では初めて林間学校に参加し心理劇経験も殆どないボランティアスタッフＢが準主役を務めた。その中で監督や補助自我がどのように具体的にＡ男とＢとのやりとりの過程を支援し，Ａ男が高校時代の思いを「過去」のものから「現在」のものへと表現できたのか，その心理劇実践の過程を報告する。

6.2 方　　法

(1)　対象者

男性：10名。女性：1名。（年齢は20代が3名，30代が8名）

　全員が自閉性障害，アスペルガー障害あるいは高機能広汎性発達障害の診断を受けており，それぞれ福祉施設，大学，一般企業等に所属している。週2回外来療育に参加することでお互いによく見知った関係である。

(2)　スタッフ，ボランティア

　対象者と日常的に療育活動などで関わりのある固有のスタッフに加え，多くのボランティアがスタッフとして参加し，そのほとんどは対象者と面識がなく，初参加である者が多い。また，初参加のボランティアは大学院生が多く，心理劇経験は講義を受けたことがある程度で，ほぼ初経験に等しい者が多い。毎年5～10名の初参加のボランティアが入る。

(3) 林間学校における心理劇について

原則として毎年夏に3日間にわたって行われる。うち心理劇のプログラムは，1日に1セッション行われ，各セッション90分である。心理劇は，ウォーミングアップ→劇化→シェアリング→役割解除の流れで実施され，その内容は対象者が発言し劇化したいと希望したものの中から選択される。

6.3 症例の経過・心理劇実践の様子

「高校時代に会った女子高生に話しかけたかったができなかった思い出」

(1) 事例の概要

A男　30代前半。

劇に関わる事例の概要：大学卒業後，人間関係のトラブルが頻発し，自宅に引きこもるようになる。特定のアイドルや女子アナウンサーに固執し，ファンとしての態度を逸脱するような行動があり，問題を起こしたことで精神科を受診し，外来療育に参加するようになる。現在は，問題行動は落ち着いている。

(2) 記述方法

記号は発言・動作を行った人を表している。役割や性別は以下の通りである。

A男（男性）：A男自身，この劇の主役。

B（女性）：劇1～3でA男の相手の女子高生の役，今回の林間学校が初参加であり，心理劇は今回が初経験のボランティアである。

C（女性）：劇1～3でBのダブルを演じた補助自我，日常からA男と関わりを持つスタッフ。

D（男性）：劇1でのバスの客，劇2でバスの運転手，劇3でA男のダブルを演じた補助自我，日常から関わりを持つスタッフ。

E，F（ともに男性）：観客であり，林間学校にA男とともに参加している発達障害者。

以下のセッションについて，本人の言葉を「　」，監督の言葉を〈　〉，その他の参加者の言葉を『　』で表す。また，流れの中で重要と思われる

部分を下線で示す。

　(3)　ウォーミングアップ

　ウォーミングアップとして，誕生日の順番と今のやる気の程度に関するマッピング（順番付け）を行う。その後，監督が今日劇をしたい人と呼びかけるとA男は真っ先に手を上げ，自分が心に引っかかっている思い出を語りだす。その内容は「X年前〇月×日にバスの中で偶然会った女子高校生がいて，その翌日もまた会った。その時に本当は話しかけたかったのだが話せなかった」というものであった。監督より〈どうして今思い出したんですか〉と尋ねられると，少し考えた後に「昔に戻れるなら色々話したかったなって」という思いが聞かれる。

　その後，A男のテーマが取り上げられることになり，配役を決めるとA男は自分の役をしたいと申し出る。監督より〈誰かに助けてもらいたいですか〉と補助自我の有無を尋ねられるが「自分でします」とその申し出を断る。次に相手の女子高生の配役をA男に尋ねると，林間学校の参加が初めてでボランティアとして参加したBを指名する。Bが承諾したので，監督はBの補助自我としてCを指名する。

　(4)　場面1

　監督より，〈バスにはA男さんが乗っています。まだほかの乗客も乗ってくるかもしれません。A男さんは制服を着ている高校生のA男さん。バスの中で話すかもしれないし，話さないかもしれない〉と全体に伝えて場面を始める。

　バスにはA男が先に乗っている。遅れてB（と補助自我のC）がバスに乗り，Dが『乗ります』と言って乗客として自発的にバスに乗る。

　A男は，Bが後ろに座ると，すぐに後ろを向くが，なかなか話しかけられずにいる。そこでBから『こんにちは』と声をかけると，A男は「こんにちは」と答え，Bに「あの，何年生ですか」と話しかける。Bが『今高校2年生です。何年生ですか』と返すと，A男は「高校2年生です。……どこに住んでいるんですか」とすぐに問いかける。Bは『Mに住んでいます。どこに住んでいるんですか』と問いかける。するとA男は「Nに住んでいます」と答え，会話の継続に困ったかのように監督を見る。そこで監

第4章　心理劇の実際(3)

図4-7　あの日のこと

督は〈L駅です〉とバスの到着場面に進め，A男とBが同じバス停で降りたところで劇を終える。

【場面1の感想】

　A男に監督が感想を尋ねると「話したかったけど，そのときは色々あって話せなかった」と述べる。監督が〈色々あって話せなかったんだ〉と返すと，A男はうなづき「話したら自分が噂になるんじゃないかと思って話せなかった」と気持ちを述べた。

　Bからは，「初めて会った人だけど話しかけられて嬉しかったです。同じ高校生ということで親近感が湧いて仲良くなりたいと思った」という感想が述べられ，A男の話しかけたい気持ちに合わせた内容が聞かれた。

　Bの補助自我のCからは，『A男さんが色々と考えて話しかけられなかったと言ったけど，私も初めて会った人に話しかけられてびっくりして。男の人だし，周りの人は話していることをどう思うかなと話しながら思いました』という感想が述べられ，A男から突然話しかけられたことへの驚きと戸惑いに関する内容が聞かれた。

　乗客のDからは，『2人がどんな関係かなと思った。仲よさそうでもないし，突然話しかけられているのかなと思いました』という感想が聞かれた。

(5) 場面2
【劇化前の確認】
　次の場面の状況についてA男より「次の日，バス停で偶然またその人と会ったのだからその場面をしたい」と希望がある。「同じバスに乗るのかなと思ったら，違うバスに乗っていた」というA男の言葉に対して，監督が〈どうしてだと思いますか〉と尋ねると，「自分が変に思われたんじゃないかなって」と不安そうな表情で思い出すように語る。監督は，〈そうかもしれないし，そうじゃないかもしれない〉とA男の不安な気持ちを受けとめて返す。

【劇化場面】
　B（と補助自我のC）が先にバス停で本を読んで待っている。そこにA男がやって来て，「昨日会いましたね」とBに話しかける。Bは『会いましたね，昨日は突然話しかけられたのでびっくりしました』と伝える。A男はうなづくが言葉が続かない。監督に次を求めるような表情で「ここでバスが来る」と言う。監督が〈バスが来ます〉と状況を伝えると，Dがバスの運転手となり『はい，お待たせしました。M高校行きです』とやってくる。Bは，『私は友達と約束があるので，このバスに乗ります。乗りますか』とバスに乗りながらA男に尋ねるがA男は乗らないでいる。その後，A男は次のバスに乗って場面は終わる。

【場面2の感想】
　監督から感想を求められたA男は，「もっと話したかったけど，また色々噂になるんじゃないかなと思って」と話したい気持ちの背後にある不安感を述べ，話すことが楽しいという感じよりも周りからの目が気になっている気持ちを強く感じていたようであった。
　Bは『昨日会った人と会ってびっくりしました。でも少し話ができてよかった』と述べた。
　Bの補助自我のCは，『高校生の女の子だし，話しかけられるとドキドキしました』と述べた。
　観客からは，『昨日よりも自然に話せていた』『A男さんが迷いながらもほっとしている表情に見えた』などの感想が聞かれた。

(6) 場面3
【劇化前の確認】
　監督より提案がある。〈もう一場面したいんですが，X年後にその女子高生の方と会って気持ちを伝え合う場面をしませんか〉とA男に尋ねると「はい」と積極的な返事が返ってくる。そこで，A男とB（と補助自我のC）が向かい合って椅子に座り再会する場面を設定する。

【劇化場面】
　監督より，〈あの時こう思っていたけど，今こう思っているとか色々と伝えたいことを伝えて下さいね〉と伝え，劇化が始まる。
　A男「昔，こんなことがありましたね。色々と話したかったけど，噂になると思って，話せませんでした」
　B『懐かしいですね……あのときは，ちょっとドキドキしました』
　A男「あの時はもっとお話ししたかったんですけど……，色々と聞いてごめんなさい」
　C（Bの補助自我）『私も今はびっくりしないけど，あの時は高校生だったから，男の人から話しかけられてびっくりしちゃって』
　A男「そういう感じありますよね。大人になってくるにつれて色々話せますよね」
　C（Bの補助自我）『今は元気ですか』
　A男「はい，とっても元気です」と笑顔で答える。
　そこに，A男の補助自我としてDが入る。
　D（A男の補助自我）『ずっと気になってたんだけど，あの時突然話しかけちゃったから悪い気持ちにさせたんじゃないかって』
　B『びっくりはしましたけどそれはありませんでしたよ』
　A男「それはよかった」
　B『私もお話ししたいなと思ったんですけど，急いでいたし，高校生で恥ずかしい気持ちもあったんです』
　A男「そうですか。今，元気にしているならそれでいいですね」
　B『はい』
　D（A男の補助自我）『ほっとしました』

A男「ほっとしました」

B『これからもお互いがんばりましょう』とBより握手を求める。A男は少しほっとした表情でそれに応え，握手をして場面が終わる。

【場面3の感想】

監督より〈あの時のことを思い出さないようにできそうですか〉と尋ねられると，A男は「はい」と迷いなくはっきりと答える。

A男の補助自我のDからは『気になっていたことが確認できて，つっかえが取れてよかったです』というA男の安堵した気持ちに添うような感想が述べられる。

Bからは『突然話しかけられてドキドキしたけど，その気持ちが伝えられてよかったです』，Bの補助自我のCからは『私もあの時会った人が気になっていたけど，A男さんも一緒の気持ちだったんだと思ってほっとしました』とそれぞれ感想を述べた。

(7) シェアリング

監督がA男に伝えたいことがある人を募ると，次々にA男の隣に座り言葉をかける。

『A男さんみたいに，気になっている人と話せなくて私も悩んだことを思い出した。でも話さないでいることもいい思い出なのかなと思った』など，A男の迷った気持ちに共感する感想が多く述べられた。

他のトレーニーからも声をかける場面が多く見られ，中でもEは『高校時代ってみんな仲良くしなければならないって言われた。いじめとかしちゃいけないって言われた』と劇を通して自身の高校時代に言われた社会的な規範を思い出したような内容が語られる。するとFが『高校って○とか×とかが多いよね』と反応する。そこで監督より〈異性の人に声をかけるって○とか×とかつけられないから難しいよね〉と伝え，皆の体験を繋げながらシェアリングを終える。

最後に，主役や中心的な役割を担った補助自我を中心に役割解除を行う。

(8) 劇後の様子

劇でB役をした女性ボランティアへの新たな執着が心配されたが，好意的な発言はあるものの，礼儀正しく接しキャンプ後のアクティング・アウト

（行動化，第1章14ページ参照）などは見られなかった。

6.4 考　察
(1)　A男の心理劇体験

　ここで本事例のA男の心理劇体験を振り返る。A男は，最初劇化したいテーマを述べたときには，「昔に戻れるなら話したい」と，昔話せなかった気持ちを劇の中で実現することを望んでいるように思われた。そこで，場面1では実際にバスの中で女子高生役のBと話すという役割をA男は望んで演じたのだが，演じ終わると「嬉しかった」というポジティブな感情よりも，「（話しかけると）周りから変に思われるのではないか」という不安の方が強く体験されていた。このような感情は，A男が当時周りから教えられた社会的な規範（知らない人に話しかけてはいけない）から起こったのかもしれない。いずれにせよ，確かに劇化場面の中でのA男の話しかけ方は，相手の高校や住まいという個人的な情報を急に尋ねるという，相手にとって唐突な感じを受けるあり方であった。A男は，「話しかけたい」という率直な気持ちと，その背後に「話しかけていいのだろうか」という両価的な気持ちを持ち，その葛藤に揺れながら場面2を自ら望む設定（翌日バス停で再び会う）で演じた。

　そこでのA男は，Bに話しかけるが「昨日会いましたね」という内容に留め，自分から監督に「ここでバスが来る」とその場面を切り替えるように伝えた。感想では，「もっと話したかったけど，また色々噂になるんじゃないかと思って」と述べ，A男が「話したい」，「話していいのだろうか」という2つの気持ちとの間で悩み，結果として相手にあまり話さずに場面を終えたA男の努力が伝わってきたようにも感じられた。A男が自分の葛藤と向き合おうとする姿勢が周りにも伝わり，相手の演者も『高校生の女の子だし，話しかけられるとドキドキしました』とA男に感想を率直にフィードバックした。このときA男が自分の行動の選択に悩む姿に，周りの観客は共感し見守っていた。

　最後の場面3でA男は「色々と話したかったけど，噂になると思って，話せませんでした」，「あの時はもっとお話ししたかったんですけど……，

色々と聞いてごめんなさい」と述べ，自分の思いと相手を思いやって揺れる気持ちを述べた。その後，Ａ男の補助自我Ｄからの『悪い気持ちにさせたんじゃないかって』という疑問に，Ｂから『それはありませんでしたよ』と応えられると，Ａ男は姿勢を崩しながら「それはよかった」と安堵した様子を示した。そして「今，元気にしているならそれでいいですね」と相手の身と同時に現在の自分にも言い聞かせるかのように，複雑な色々な気持ちを心におさめていったＡ男の様子が窺われた。

　森田（2003）は，自閉症児・者にとっての役割体験の意味について述べた中で，"心理劇場面における役割体験を通じて，肯定的な自己・否定的な自己という枠組みではない形で，多様な自己のあり方を経験する機会"の重要性を述べ，役割体験が自己の多様なあり方に気づかせ，自己を統合することが可能となる援助へと繋がると述べている。本事例のＡ男も，まさに心理劇体験の中で，簡単に良い，悪いでは割り切れない，両価的な様々な感情を体験したと思われる。色々悩んだけれども「今，元気にしているならそれでいいですね」とＡ男が述べたように，高校時代に話しかけられなかった過去の自分自身を含めて，劇化を通して今現在に様々な気持ちを受け容れ統合した過程が体験されていたように思われる。髙原（2007）は，発達障害者が"彼らは，一般に思われている以上に豊かな心的状態にあり，それらが心理劇の場で表現でき"，"信頼できる支援者や仲間との間では，快の表出のみでなく不快な表出も可能になる"と述べているが，Ａ男も戸惑いや不安感といった不快な気持ちを含めてありのままに感情を表現しながら気持ちを整理していった。その背景には，それを見守る監督，気持ちを代弁する補助自我や観客，そしてＡ男がこれまでの長い心理劇経験で培ってきた心理劇に対する安心感を心の基盤に据えてきたことで，このような体験が実現できたように思われる。

　(2)　今，ここでともに育ち合う体験〜支援者の戸惑い

　本事例の心理劇テーマは，高機能広汎性発達障害を持つＡ男がずっと心に引っかかっていた高校時代の出来事に関するテーマを取り上げた。Ａ男は，その出来事を19××年，×月×日と，日にちまで正確に覚えており，Ａ男にとっていかに大切な思い出であり，同時に強く拘っているものであ

るかを窺わせた。A男の最初の劇化への望みは，"高校時代にバスで出会った女性ともっと話しかった"という思いの実現を劇化することであるように思われた。しかし，劇化場面を演じてみると，A男から表現された気持ちは，嬉しさよりも話しかけたことでの不安感であった。このようなとき，周りの支援者はA男のどのような気持ちに焦点を当てて気づきを深めるか戸惑うことも多いのではないだろうか。このときA男が感じた不安感には蓋をして，A男が思い切って話しかけることができた勇気や話した時の楽しさを肯定的にフィードバックする劇化も展開できる。本事例の心理劇場面でも，相手の女子高生役を演じたBは，『話しかけられて嬉しかった。親近感が湧いて仲良くなりたいと思った』と，A男の話しかけた勇気に応えるように感想を述べた。これは心理劇場面を演じる中で率直に感じたBの感想であると思われる。しかし一方でA男の行動を日常場面に移して考えると，そのあり方は唐突なものであった。したがって，現実社会に戻っていくA男への支援を考えると，A男が感じた迷いや不安感が大事になること，そのような迷いがA男が現実社会で生きていく上での心の守りにもなるように思われた。心理劇場面は，そのような迷いや不安感も，守られた安全な場の中で自由に表現することができ，そのような心の葛藤に向き合い折り合いをつけることができる場所でもある。

　このときにA男とBの両者の気持ちを代弁する役割として補助自我が重要になってくる。

　Bの補助自我は，『初めて会った人に話しかけられてびっくりした。周りの人は話していることをどう思うかなと思った』とA男の迷いや不安感に共感する感想をフィードバックした。するとその後の劇化の展開では，相手役のBも，A男の迷いに呼応するかのように，ポジティブな感情だけでなく，驚きや戸惑いを交えてA男にフィードバックしていった。そして今現在に場面が移った場面3でも，Bは話しかけられたことが嫌だったのではなく，話しかけられたときは，まだ高校生で戸惑ったという思いをA男に語った。そして，その言葉を受けてほっとしたA男を励まし受け入れるかのようにBは自発的に『これからもお互いがんばりましょう』と握手を求めて劇を終えた。握手はBが役割体験を進める中で自発的に求めたも

のであったと思われるが，A男にとって相手との握手という意味以上に，A男自身が戸惑った思いや不安感など色々な気持ちと向き合った今までの体験を一つに統合するような象徴的な場面にもなったように思われた。このように，A男のみならずB自身も監督や補助自我に守られ促されながら，体験を深めていったのである。

　このように，心理劇が初経験に近いスタッフが役割を演じる場合，発達障害者を支援する一参加者として戸惑う場面も多い。池田（2007）は，"広汎性発達障害者への心理劇では，監督はもとより，補助自我の役割が重要である"と述べているが，支援者が対象者を正確にアセスメントし感情を理解していく上でも，支援側の演者に対する補助自我もときに必要になる。特に今回のように，支援スタッフの心理劇が初経験に近い場合はなおさらである。支援者が対象者の様々な気持ちを理解しフィードバックしていくことで，対象者が心理劇を通して自分の中に起こる多様な感情に気づき，それを自由に表現する場となっていくと考えられる。そして同時に支援者の方も対象者とのやり取りを通して気付きを深めていく。このように心理劇は対象者と支援者がともに育ち合う体験の場となっていくのである。

（井上久美子）

文　献

森田理香　2003　自閉症者の心理劇場面のフィードバックにおける自己認知．心理劇研究，27(1), 17-23
池田顕吾　2007　第3章　心理劇治療の実際(1)──方法（実践）──．発達障害のための心理劇──想から現に──　髙原朗子編著　九州大学出版会
髙原朗子　2007　第6章　結論──総合考察──．発達障害のための心理劇──想から現に──　髙原朗子編著　九州大学出版会

7. 青年期の広汎性発達障害者に対する心理劇の適用
──ピア・カウンセリング，他者への適切なかかわり方の促進に対する支援──

7.1　はじめに

　ここでは，青年学級における心理劇の中から，ピア・サポート，他者へのかかわり方の促進という視点から2事例を報告する。ここでは，既述の

視点に寄与したと考えられるある日の心理劇を取り上げ，心理劇の意義について考えたい。

7.2 方　法
第2章2節28ページ参照（ただし，各事例の詳細については，以下で述べる）。

7.3 心理劇実践の様子
(1)　ピア・カウンセリングを目的とした心理劇～ゆうすけの事例
① 事例の概要

乳児期より，視線が合わない，言葉が出ない，偏食がひどい等の問題が見られ，自閉的傾向を指摘されている。幼児期は，人見知りが激しく，同年代の友達とのかかわりは見られていない。2歳から通園施設に通っており，小学校から高校までは養護学校で過ごした。高校卒業後，A更生センターに所属している。

言語・認知面では，日常会話には問題はなく，文字，数字，時間，金銭等の概念も理解している。もともと感受性が高く，緊張しやすい性格である。また，行事等「成功させなくてはならない」というこだわりがあり，不安や緊張が高まると同じ言葉を繰り返すという特徴がある。

② 心理劇：「弟のことを皆に励ましてもらう劇」
導入

この日のウォーミングアップで，ゆうすけは今の気持ちを「嫌な気持ち。（胸をさして）雨が降っている」と答える。監督が心理劇の希望を募った際に「（知的障害である）弟のことを皆に励ましてほしい」と発言する。監督が「弟のことできつい気持ちがあるからね」と言うと，「もやもや。雨の気持ち」と答える。監督が「もやもやがどんなことか確認して，皆にお話ししてもらったらいいかな」と尋ねると「はい」と答える。

劇化では，スタッフを含めた全員が輪になり，前に座っているゆうすけに一人ひとりが言葉をかけていくという形式をとった。

波線（～～）は，弟に対するゆうすけの気持ち，二重線（＿＿）は，仲間によるゆうすけへの共感および励ましの言葉，下線（＿＿）は，仲間の言葉

図4-8　気持ちを伝える

を受けたゆうすけの発言である。
劇化
　監督に「どんなことで心がもやもやしているのかな」と尋ねられ，ゆうすけは皆のほうを向いて以下のように答える。
ゆうすけ：「弟がやっと卒業して，とても<u>もやもやして</u>，（弟が）夜眠れないことがあったり，朝も起きてもうとうとしたこともあったり，起きてこないことがあったり，水のこだわりがあったり，いろんなこだわりがあって，<u>とても嫌でした</u>。ぎらぎらなっている時もあったり，人にこだわる時もあったり，薬がとても合わない時もあったり，<u>僕はとても嫌な気持ちでした</u>」。ここまで話して監督を見る。今の気持ちを聞かれ，「慣れるまで（時間が）かかる」と答える。監督が，その場にいる全員に話の内容が分かったか確認すると，他の参加者から「もやもやしてる。弟のことで」と発言がある。以下，参加者とゆうすけのやりとりを記述する。なおA，B，C，

Dは，数年来ゆうすけとともに心理劇に参加している仲間である。

1) A（20代男性）とのやりとり

Aに現在の弟の状況を尋ねられ，ゆうすけは「今は，デイサービス。入所に空きが出るまで」と答える。Aが「それまで（空きが出るまで）が一番つらい時期ね」と言うと，ゆうすけは「つらい時期ね。大目に見るしかない」という。Aは「それしかないでしょう，道は」と言う。監督に促されてゆうすけのもとへ行き「とにかくつらい時期を乗り越えていってほしいと思います。今が正念場だからがんばってほしい」「我慢して。我慢していればいいこともあるので，がんばっていってほしい」と伝える。ゆうすけは，「乗り越えるしかない」「がんばる」とAの目を見て，強い口調で繰り返す。

2) B（20代男性）とのやりとり

Bは「ゆうすけさん。僕も気になることがあったけど，もう考えないようにするし，独り言も言わないようにするから……だから（弟と）仲良く楽しんで，一秒一秒を楽しく過ごして下さい」と伝える。

3) C（30代男性）とのやりとり

Cは最初ゆうすけの悩みをよく理解できていなかったが，監督の説明によって理解し「困ったことは，弟がよく眠らなかったり，こだわったりして嫌な気持ちでした」と言う。スタッフに「元気出してねって」と促されると，自らゆうすけとの距離を縮め，握手をしながら「ちゃんと元気を出してね，がんばって下さい」と大きな声で言う。

4) D（30代女性）とのやりとり

Dはゆうすけに向かって「わたしも，ちょっと，今度の夏の林間学校のことが気になるけど，ゆうすけさんも弟のことは気にせんで，落ち着いてがんばろうね」と伝える。

5) スタッフとのやりとり

スタッフからは，「ゆうすけさんが言ったみたいに，弟のことは大目に見てね。嫌なことがあったら，ここでいつでもいっぱい話していいよ」と言われ，こうじは「大目に見るって何」と質問する。スタッフが「ちょっと嫌だけど，我慢すること」と伝えると，こうじは「はい」と返事をする。

「弟のことはお父さんとお母さんにまかせて，自分のことを考えて。ゆっくりして」と伝える。ゆうすけは「ゆっくりする」と繰り返す。最後に監督が「楽になりましたか」と尋ねると，ゆうすけは「楽になりました」と笑顔になる。監督は「皆それぞれ気になることや悩みがあるけど，ここに来て話したら楽になるから，いつでも話して下さい」と伝え，劇を終了する。

③　事例の考察

本事例を，心理劇におけるピア・カウンセリングという視点から考察する。

1)　ピア・サポート，ピア・カウンセリングとは

日本でピア・サポート，ピア・カウンセリングという用語が広く認知されるようになったのは，ここ10年くらいのことである。ピア・サポートとは，「仲間による対人関係を利用した支援活動の総称」である。一方，ピア・カウンセリングとは，「ピア」すなわち「仲間・同じ境遇の者」による対人援助である（西山，2002）。ピア・サポートやピア・カウンセリングの報告は，福祉，保健，学生支援領域など多数報告があるが（大石・木戸・林・稲永，2007），知的障害者のピア・サポートを考える場合専門家がパイプ役となることが望ましいとされている（谷口，2005）。広汎性発達障害は知的障害ではないが，他者とのコミュニケーションに中核的な問題を有しており，感情のコントロールや他者への適切なかかわりに支援を必要としていることを考えると，専門家がパイプ役となることが必要であると考えられる。青年学級における心理劇では，監督および監督と協力しながら場をつくりあげていく補助自我の存在が，参加者である青年同士をつなぐパイプになっていると言えるだろう。

2)　ゆうすけの事例におけるピアの存在

ゆうすけの事例では，心理劇の場で「弟のことを皆に励ましてほしい」と明確な気持ちが語られている。弟に対して「もやもや」したり「とても嫌な気持ち」になっているが，自分一人ではかかえきれないので何とかしてほしいという気持ちが伝わってくる。ゆうすけの弟は知的障害があり，こだわりの強さや睡眠障害などの症状がある。感受性が高いゆうすけは，

弟の状態が悪くなることで自分もストレスをためてしまうのである。ゆうすけは日頃より苦手な人がそばにいる時に不安が高まり，落ち着きがなくなる傾向にあるが，家族の中にそのような対象が存在することは，ゆうすけにとって大変なことであろう。さらに劇の中の「(弟のことは) 大目に見るしかない」という言葉は，おそらく両親から言われている言葉であると思われ，ゆうすけの日頃の我慢が伝わってくる。

　ゆうすけは心理劇の場以外で弟のことを語ることはなく，心理劇の場は弟についての気持ちを話すことができる特別な場であると感じていることが分かる。そして，ゆうすけ以外の参加者はゆうすけがおかれている状態を理解し，受け入れようとしている。Aは，ゆうすけの立場を「つらい時期」と表現し共感を示しているが，ゆうすけはその言葉を繰り返しており，Aの表現はゆうすけの状態をよく言い表したものであったと考えられる。また，「乗り越えるしかない」「がんばる」という言葉もゆうすけは繰り返しており，これらの言葉はAによる励ましとしてゆうすけに届いたのであろう。BとDは「自分にも気になることがあるけど」とゆうすけが弟のことが気になってつらい状態であることを自分自身と重ね合わせ，励ましている。これらの発言は，スタッフが促したものではなく，A，B，Dそれぞれの口から自発的に語られたという点が重要である。Cはスタッフに発言を促されているものの，握手をしながらゆうすけに声をかけており，ゆうすけを励ます気持ちはゆうすけに十分伝わったと思われる。青年学級の参加者は，それぞれ気になって仕方がないものやこだわりがある。ゆうすけに限らず，A，B，C，Dも気になることがある場合は心理劇の場で気持ちを話し，劇化を通じた自己表現を行ってきた。心理劇の活動を通して，お互いに悩みを持ち支え合う仲間としての意識が育まれ，ゆうすけへの自発的な発言につながったと考えられる。

3) 広汎性発達障害を対象とした心理劇におけるピア・カウンセリング
　自閉症を中核とする広汎性発達障害は，他者との情緒的交流困難や，孤独，友情など対人関係に関する概念の形成不全があると言われているが(Bauminger, N & Connie, K., 2000)，彼らにとっても仲間の存在は重要である (Howlin, 1997：小林, 1993)。これについて渡辺 (2002) は，心理劇を通じて

他者への関心やかかわりが促された事例を報告し，仲間体験の場としての心理劇の意義について考察している。髙原（2007）は，中・重度の自閉症者の事例をあげ，心理劇の場は人と交わる体験を持つことや，仲間同士助け合う機会を得ることができ，同じような悩みで傷つき合っているものが，慰め合うことで元気になっていくピア・カウンセリングの場とみることができると述べている。ゆうすけとA，B，C，Dは数年来ともに心理劇に参加している仲間であり，長年にわたる心理劇の実践の中で，お互いへの理解を深め，お互いの劇で様々な役割を演じる中で共感性が発達し，励まし合う関係を築くことができたと考えられる。

心理劇の中でピア・カウンセリングが実現するためには，仲間同士をつなぐパイプ役として，監督とスタッフが機能することが重要である。ゆうすけの事例のように仲間からの「がんばって」という励まし以外に，スタッフから「ゆっくりして」という異なる視点で励ましを与えることや，監督から「いつでも悩みを話していい場である」とはっきり言葉にして伝えることは重要な点であろう。

さらに日頃の心理劇において，導入の部分で主役の気持ちを丁寧に確認することや仲間が主役の発言をどのように理解したのか確認することに加え，シェアリングを丁寧に行い，他者の気持ちや行動について理解を促していくという作業の蓄積がピア・カウンセリングを可能にすると考えられる。

(2) 他者への適切なかかわりを促すための心理劇〜こうじの事例
① 事例の概要

乳児期より，視線が合わない，後追いをしない，偏食がひどい等の特徴があり，3歳児健診で言葉の遅れ，多動との指摘を受ける。幼児期は集団に入ることはなく，物へのこだわりを示す。友達に対して適切な形でかかわることが難しく，「叩く」などの不適切な行動で自分の気持ちを表現してしまうこともあった。中学2年までは普通学級に在籍しており成績も優秀であったが，人間関係のトラブルが原因で神経症様状態になり，3年生から他中学の特別支援学級に在籍する。中学3年生の時にアスペルガー障害との診断をうける。高校は寄宿制の高等養護学校に在籍する。現在は，A

更生センターに所属している。

②　心理劇：「よしこさんのことが気になって仕方がない劇」

この日こうじは，事前に劇化の希望を申し出ていた。ウォーミングアップでは，自分の気持ちについて「最近ちょっと気になっているのは，よしこさんのことです。1年中気になるので，ちょっと不安です。一番気になっているのは，髪の毛です」と語る。

劇化では，監督によしこさんの説明をするように言われ「髪が長く，背が高くはない通所者の人」と答える。その後の質問で，一番気になるのは髪の毛であること，他にも女性通所者はいるがよしこさんの髪の毛が一番長いこと，自分では気持ちが抑えられなくなることを語る。さらに，寝転がっているよしこさんに触ろうとすることでスタッフから叱られているということをにやにやしながら語る。

監督は，「よしこさんへのかかわりについてよしこさん自身がどのように思っているのか」ということを劇化することを提案し，こうじはそれを受け入れる。こうじの話をもとに劇での役割を決めていく。劇での役割と性別は以下の通りである。

　　こうじ：こうじ自身，この劇の主役
　E（男性）：この劇におけるこうじの補助自我
　F（女性）：髪が長くてかわいいよしこさん
　G（女性）：寝ているよしこさん
　H（女性）：座っているよしこさん
　I（女性）：こうじが近づくと「いやー」「やめてー」というよしこさん
　J（男性対象者）：いつもこうじを注意する指導員

下線（＿＿）はこうじの発言，二重下線（＿＿）はこうじの補助自我であるEの発言である。

1幕目【こうじがよしこさんにいつものようにかかわる場面】

こうじが立ち上がり，よしこさん（グループになり座っている）ににやにやしながら無言で近づく。Eはこうじについて行き「よしこさんのはげ

ぼうず―(にして，の意)」と言う。Fは座って髪の毛をなでながら「わたし，かわいいでしょう」と言う。Jがこうじを注意しに来ると，こうじはにやにやする。Eは「だって先生，スキンヘッドが気になるんですよー」と言う。

　監督はいったん場をとめ，こうじに気持ちを尋ねる。こうじは「よしこさんの髪の毛が長くないと気持ちよくならない」と答え，Eが「よしこさんがかわいくて仕方がないっていう気持ちです」と言うと「はい」と同意する。監督に「よしこさんに髪を切ったほうがいいっていうのは，髪が長いと気になるからですか」と尋ねられ，こうじは同意する。Fは「かわいいって言ってもらえたのはうれしかった。でも近づいて来られたらこわい気持ちがした」と言う。その後，G「寝ていて近づかれると，今にも触られるのではないかとこわい」，H「にやにやしているのがこわい」，I「もう少し離れてほしい」と気持ちを伝える。監督がこうじに「よしこさんの気持ちが分かりましたか」と確認すると，「よしこさんにしていいことと悪いことは分かりました」と答える。監督が劇の展開として，a) 髪のないよしこさんを登場させる。b) こうじがよしこさん役をするという提案をすると，よしこさん役をとることは拒否する。しかし，監督が「Eと交代してEによしこさんグループと話してもらうのは」と提案すると受け入れる。

2幕目【よしこさんが嫌がらないようにかかわる場面】

　こうじにa) さっきと同じ場面をする，b) よしこさんが嫌がらないようにかかわる場面をするという選択肢を与える。こうじは，嫌がらない場面を劇化することを選ぶ。

　Eは普段のこうじのように，にやにやしながらよしこさんグループに近付いていく。よしこさんグループは「こわいよね」と言い，Eはよしこさんグループと話をしながら距離や座り方を調整する。Eは「よしこさん，はげ坊主にせんと(しないと)」と話しかける。よしこさんグループは「はげ坊主は嫌だ」と主張する。Eは「スキンヘッドとか言わないほうがいいよね」と話しかけ，Fが「嫌だ。触られるのはもっと嫌」と答えると，こうじは「はい」と返事をする。その後，Eが「嫌われたくはない」と気持

ちを述べる。Fが「昔のこうじさんは嫌いじゃなかったけど，触ろうとするからだんだんこわくなった」と言うと，こうじは「よしこさんが気になりだしたのは，去年かおととしくらいから」と言い，Eが続けて「寝転がっているのが気になる」と言うと，身を乗り出す。監督に促されて，Eの隣に座る。Eが「よしこさんを怒らせるのがおもしろい」と言うと，こうじは同意し，そのことで先生に怒られるのも楽しいと感じていると言う。Eが「よしこさんに嫌われるのはどうか」とこうじに尋ねると「それはよくないと思う」と神妙な顔で答える。

　ここで監督が介入する。こうじは「さっきよりゆったりした気持ちです」と答える。Eは「よしこさんとお話ししたいんだけど，なんて言ってお話ししていいか分からないから変なことを言ってしまう」と言う。監督は，こうじさんグループとよしこさんグループで，お互いにしてほしいことを話し合うよう伝える。

3幕目【こうじとよしこさんで話し合いをする場面】

　こうじと話し合った内容をEがよしこさんグループに伝える。「自分に対して声を出したり，脚を広げないでほしい。自分も座って話しかけるようにするし，手も出さないようにする」と言う。よしこさんグループからは，話すときは座ってほしいこと，触らないでほしいことが伝えられる。こうじは「はい」と聞いている。触りたくなったらどうするのか，とHに聞かれ，Eが「先生に気持ちを切り替えてほしい」と言う。

　監督の介入により，何か言いたがっていたJが「強制わいせつ」とこうじを注意する。こうじは「わいせつとか言われると余計気になる」と主張する。Eはこうじの主張を繰り返す形で同意する。

シェアリング

　監督に今の気持ちを尋ねられ，「髪を切ったほうがいいと言ったのに聞かないから，交渉成立しないような気持ち」と答える。監督が「脚を広げないことは聞いてくれるようだけど」と尋ねると「それはリラックスする気持ちです」と答える。また，「少し恥ずかしい気持ち，興奮する気持ちがある」と述べる。Eは「好きな気持ちを伝えることが難しいが，具体的にどうすればいいか分かったのでよかった」と述べる。監督にこうじが困っ

図4-9 話しかけるときは……

ている理由を聞かれ，Eは「自分でうまく切り替えられないときに，どうしても言葉で反応してしまうので，先生にうまく切り替えてほしい」と述べる。Fからは「よしこさんも困ってるけど，こうじさんも好きな気持ちが大きすぎて困っているのがわかった」，G，H，Iからは「距離も守ってくれると話しやすい。安心する。話を聞いてくれてよかった」と気持ちを述べる。また，髪が長いことについてFが「ちょっと長いけど気にしないでほしいな」と言うと，こうじは「はい」と言う。最後に監督が「好きな気持ちは分かる。急に近付くとこわいから，今お話ししたいんだけどって言えると，よしこさんもこわがらずにお話ししてくれるんじゃないかな」と伝える。

③ 事例の考察

本事例を他者への適切なかかわり方の促進という視点から考察する。

a) 青年期の高機能広汎性発達障害に見られる対人関係上の問題

本事例のこうじは，青年期のアスペルガー障害である。アスペルガー障害を始めとする高機能広汎性発達障害は，学童期を過ぎる頃より，それまでの療育的問題から社会生活上の不適応やトラブルへと問題の比重が移ってゆく傾向がある。思春期以降は，関心ある事柄を追求するあまり，社会

的許容範囲を逸脱してしまう場合が多い（十一，2004）。こうじの場合は，どうしても気になる異性を触ろうとする行動が見られている。高機能広汎性発達障害の場合，知的に高く，また表面的な能力が高そうに見え，周囲から自分のことを自分でできるように期待され，少なくとも日常的な場面ではかなりの対人交渉くらいは処理できると見られていることが多い（辻井・宮本，2000）が，実際はそうではない。思春期以降の異性への関心の高まりは発達上当然のことであると考えられるが，高機能広汎性発達障害の場合は表情や動作，語調などから相手の機嫌や感情の変化を察知するのが困難であることや（中根，2002），こだわりの強さ，自分の気持ちを振り返り適切に表出することに困難があるために不適切な方法で他者にかかわりやすいという特徴がみられ，この点に関して支援が必要であると考えられる。

b）こうじの事例に見られる困難と心理劇における工夫

こうじは，日常他者と会話をするのに十分な言語能力をそなえており，自分がよしこさんのことが気になりすぎて不安であること，気になるのは髪の毛であることを自分自身で言語化できている。しかしながら，そのような気持ちに自分自身で対処することは難しく，劇化を希望したと考えられる。心理劇では，場面の組み立てについては監督と演者が話し合いながら決めていくが，発達障害の場合はもともと自己表現が乏しく，実際に心理劇を行っていく中で感情表出や他者へのかかわりが出現しやすいことが考えられる（髙原，1995）。そのため，監督が焦点を定めて場面を組み立てていく必要がある。こうじの事例では，「不安」「気になる」という言葉にこうじ自身が十分には表現しきれない様々な意味が込められており，心理劇の中で明らかにしていく必要があると思われた。本事例は，他者（よしこさん）への適切なかかわり方を促すために，心理劇の中でよしこさんの気持ちを考え，こうじの気持ちを整理し適切な形で表出するという工夫がなされた。

よしこさんの気持ちを考える——複数のよしこさん

本事例では，こうじが気になっているよしこさんを複数のスタッフが演じるという形式をとった。よしこさんは，気持ち（気をひく・嫌がる），姿勢（寝る・座る）という2つの側面で具体化された。心理劇の技法として，

一人の人物の中にある様々な気持ちにそれぞれ役割を与えることがある。このような方法を用いることで，気持ちそのものに目が向きやすくなるため，他者の気持ちを推測することが苦手な広汎性発達障害に対しては特に有効な方法であると考えられる。寝ているよしこさんと座っているよしこさんを設定したのは，こうじが寝ているよしこさんにちょっかいをかけたくなるという状況であったため，姿勢が違うことで何らかの変化があるかどうかを見るためである。

　心理劇の中では，それぞれのよしこさん役がそれぞれの立場で感じたことをこうじに伝えていった。こうじは1幕目からよしこさん役の言葉に「はい」と返事をしている。1幕目ではよしこさんの気持ちの理解にまでは至らないが，複数のよしこさん役が繰り返し気持ちを伝えていくことにより，補助自我の助けを得ながら，3幕目でよしこさんと話し合う場面が実現したと考えられる。

こうじの気持ちを整理し，適切な形で表出する――補助自我

　本事例では，スタッフであるEが補助自我の役割をとった。心理劇における補助自我は非常に重要な役割を果たす。補助自我は監督と主役の意図を的確かつ柔軟にくみ取りながら動く存在である。補助自我は主役とのやりとりを通じて主役の自己や他人への認知の仕方を捉える機能がある（台，1982）。また，広汎性発達障害においては状況理解や自己表現の促進という機能もある（渡辺，2002）。

　1幕目で，Eはこうじの気持ちを推測しながら発言をしている。こうじは2幕目でEがこうじ役を演じることを承諾するが，これは1幕目でEがこうじの気持ちを的確に読み取り，発言したためであると考えられる。また，2幕目ではEがこうじ役をとり「よしこさんが嫌がらないかかわり方」を劇化することを希望した。こうじは補助自我であるEを通して自分のかかわり方を振り返ろうとしたと考えられる。2幕目では，Eを通して「怒らせるのがおもしろいけど，嫌われたくはない」というこうじの気持ちが明らかになる。「嫌われたくない」という自分の気持ちに気付くことにより，よしこさんへのかかわり方を変えるという意識が芽生え，3幕目につながった。3幕目では，Eを通してよしこさんとの話し合いをしているが，

これは心理劇の場面でもよしこさんに対して「興奮するような気持ち」がするため，自発的に距離をとったと考えられる。Eはこうじとよしこさんの間で調整役として働き，こうじがよしこさんの気持ちと自分自身の気持ちに気付き，表現することを促した。

この事例から言えることは，こうじのように日常会話に不自由のない者であっても，自分の気持ちを整理し，表現するためには補助自我の働きが有効であるということである。広汎性発達障害が他者と適切にかかわるためには，日常生活においても「気持ちを推測し，代弁する」補助自我的な人物の存在が重要であろう。

シェアリング

こうじの事例では，心理劇が3幕から成り立っている。これは，心理劇の展開に応じて監督が臨機応変に介入し，場面を区切ったためである。監督は毎回こうじの気持ちを聞き取り，次に続く場面をどのように展開するか選択肢を与えながらこうじの意思を確認している。このような手続きは対象にかかわらず重要なことであるが，広汎性発達障害を主役とする場合は特に丁寧に行う必要がある。広汎性発達障害は自己や他者の気持ちに注意が向きにくく状況理解に困難が見られるが，場面ごとのシェアリングを通じて心理劇の展開に応じて生じた様々な気持ちや状況の変化を理解することが可能になるからである。「複数のよしこさん」や「補助自我」は配役における工夫であるが，そのような工夫もシェアリングを丁寧に行うことで生きてくるものであることを忘れずにおきたい。

ここでは心理劇において他者への適切なかかわりを促進するための工夫について述べた。本事例では，心理劇を通じて自分と気になる他者の気持ちを理解し，自分の気持ちを気になる他者に表現し，気になる他者と話し合うというプロセスを経て，こうじにとって可能な適切なかかわり方を考えていった。劇の中では，指導員の注意の在り方についても検討の余地があることが明らかになったが，このように心理劇で得られた情報を日常場面での支援に取り入れていくことも重要であると考えられる。

7.4 まとめ

　青年期の広汎性発達障害に対する心理劇について，ピア・カウンセリング，他者への適切なかかわり方の促進という視点から事例を紹介し，心理劇の意義について考察した．青年期の広汎性発達障害に対する心理劇の意義としては，今回紹介した以外に自己・他者理解，社会性の向上，自己表現，ストレスへの対処などがあげられる．それぞれの場合に固定化された技法があるのではなく，それぞれの事例において監督や補助自我が事例をよく理解し，焦点づけを行い，場面を構造化していくことが重要である．また，今回はある日の心理劇という形で事例をとりあげたが，これらの事例は1回で効果を出すことをねらったものではない．青年学級では数年にわたる継続的な活動により，心理劇の場に参加する者同士が自己および他者について理解し合い，新しい気付きや変化がもたらされてきたという点に留意されたい．

〈中村真樹〉

文　献

Bauminger, N & Connie, K　2000　Loneliness and Friendship in High-Functioning Children with Autism. Child Development, 71(2), 447-456

小林隆児　1993　自閉症の精神病理と治療　佐藤望（編）　自閉症の医療と教育　日本科学文化社，108-118

中根晃　2002　青年期・成人期の高機能広汎性発達障害——普通さと普通でなさ——　精神科治療学 17(10)，1245-1250

西山久子・山本力　2002　実践的ピアサポートおよび仲間支援活動の背景と動向　岡山大学教育実践総合センター紀要，2，81-93

大石由紀子・木戸久美子・林典子・稲永努　2007　ピアサポート・ピアカウンセリングにおける文献的展望　山口県立大学社会福祉学部紀要，13，107-121

Patricia Howlin　1997　Autism : Preparing For Adulthood, Routledge. 久保紘章・谷口政隆・鈴木正子　2000　自閉症——成人期に向けての準備——能力の高い自閉症の人を中心に．ぶどう社，71-80

髙原朗子　1995　自閉性障害者に対する心理劇——感情表出の促進を目指して——　心理劇研究，19(1)，1-8

髙原朗子（編著）　2007　発達障害のための心理劇——想から現に——　九州大学出版会

谷口明広　2005　知的障害を持つ人たちのピアカウンセリング，さぽーと　日本知的障害者福祉協会，52(9)，55-61

辻井政次・宮本淳　2000　自閉症スペクトラムの高機能群における社会的適応とケアの問題　臨床精神医学, 29(5), 495-499
十一元三　2004　アスペルガー障害と社会行動上の問題　精神科治療学 19(9), 1109-1114
台利夫　1982　臨床心理劇入門　ブレーン出版
渡邊須美子　2002　自閉性障害者に対する仲間体験の場としての心理劇の試み――他者との関わりが希薄な事例を中心に――　心理劇研究 26(1), 16-26

8. 高機能広汎性発達障害における心理劇の効果
――グループ創設期の様子と現在――

8.1 はじめに

　筆者は，高機能広汎性発達障害者に対して，15年ほど前から心理劇を施行するグループをいくつか組織してきた。本節では，その中で成人の発達障害者に対してこの12年行っている青年学級において初年度X年からX＋1年の2年間，月2回土曜日に行った計36セッションの心理劇の様子についてまとめたい。

　ところで，自閉性障害児における仲間関係を育てることの意義について以下に挙げる。自閉性障害の診断において，DSM-IVでは対人関係の相互反応における質的な障害を，ICD-10でも相互的社会関係の異常を挙げている。また，Wing (1981) などで，自閉性障害者やアスペルガー障害者にとって仲間関係の形成が大変むずかしいことは長く主張されてきた。そのような問題を改善するため，筆者らは他者との安心した関係づくりと，それに伴う個々人の感情表出の促進を目指して自閉性障害者やアスペルガー障害者に対して集団心理療法の一つである心理劇を適用し，その経過について報告してきた（髙原 1993, 1995, 1998, 2000, 2001a, 2001b）。本節では，青年期の高機能広汎性発達障害者にとって情操を育み仲間関係を育成するという視点から見た心理劇の有効性について検討したい。また，それから10年後のX＋11年の各事例の様子を簡単に報告し，彼らに心理劇を行っていく意味について考えたい。

8.2 事　例

各事例の簡単な状況については表4-5に示す。なお，すべて仮名で統一している。

セッションの内容

X年より2年間行われた計36セッション（以下，適宜Sと記す）の簡単な内容等を表4-6に記す。また，表4-6のように2年間を半年毎4期に分けて記述する。

各事例の経過

(1) けいすけ

① 心理劇開始時の様子

小さい頃からこだわりが激しく，物事を○か×かに二分して考える傾向があり，それに合わない事象に対してはパニックになる。性格は陽気で人懐っこい。心理劇は施設入所以来，8年間施行され，最初の3年はあまり入ることができなかったが，要領がわかったのかその後は楽しく参加している。心理劇は好きというより心理劇の場にいることを好んでいる感じである。

② 心理劇の経過

第1期

S1：青年学級でやりたいことは「腹筋」と答えた。他者に対して「ひよこサブレ」「ひよこ饅頭」などと言ってくることが多かった。最近のことで

表4-5　事例の概要

事例	性別	年齢	診断名	処遇・職業・身分
けいすけ	男性	28	自閉症	入所施設
えいじ	男性	30	自閉症	事務職
ともた	男性	30	自閉症	入所施設
しんご	男性	20	高機能自閉症	通所施設
さちえ	女性	30	高機能自閉症	工場勤務
ゆうたろう	男性	27	高機能自閉症	入所施設
しんいち	男性	15	アスペルガー障害	高等学校
りょうすけ	男性	16	アスペルガー障害	高等学校
ゆうさく	男性	19	アスペルガー障害	通所施設

表4-6 心理劇セッションの内容

	セッション	心理劇のタイトル (取り上げられたテーマ)	主役	その他の主たる役割
第1期	1	鹿児島バス旅行 (家族・旅行)	ともた	さちえ・ゆうたろう・りょうすけ・スタッフ
	2	三顧の礼 (ファンタジー)	りょうすけ	スタッフ
	3	秋田旅行 (友人・旅行)	ともた	えいじ
	4	クラゲ (母親)	ゆうさく	ゆうたろう・スタッフ
	5	蚊 (ストレス)	りょうすけ	ゆうたろう・スタッフ
	6	高校受験のための進路相談 (ガイダンス)	しんいち	スタッフ
第2期	7	アメリカ旅行 (家族・旅行・趣味)	さちえ	ともた
	8	富山旅行 (旅行・趣味)	さちえ	ともた・えいじ
	9	赤ちゃんとお婆ちゃん (家族)	りょうすけ	えいじ・スタッフ
	10	幼稚園 (友人)	けいすけ	りょうすけ
	11	小学校 (友人)	ゆうたろう	けいすけ・ゆうたろう・ゆうさく・りょうすけ・スタッフ
	12	カビゴンの家族 (ファンタジー・家族)	りょうすけ	えいじ・スタッフ
	13	Yさんの所の草 (ストレス・異性)	ゆうさく	スタッフ
	14	運動会 (ストレス)	けいすけ	全員
	15	ハワイ旅行 (旅行・趣味)	けいすけ	全員
	16	韓国旅行 (旅行・家族・趣味)	さちえ	全員
	17	コミックマーケット (友人・趣味)	りょうすけ	全員

第3期	18	プレゼント (友人)	全員	全員
	19	結婚式 (友人・家族・異性)	さちえ	けいすけ・ゆうたろう・ゆうさく
	20	桜の木の下で (友人・異性)	全員	全員
	21	同窓会 (友人)	しんご	ゆうたろう・ゆうさく
	22	海辺での誕生会 (家族)	ゆうさく	けいすけ
	23	携帯電話 (趣味・ストレス・友人・母)	しんいち	ゆうさく・りょうすけ
	24	小学校の事件 (けが・友人・ストレス)	ゆうさく	さちえ・りょうすけ・しんいち
第4期	25	サッカー (友人)	ゆうさく	えいじ
	26	亀 (家族)	さちえ	ともた
	27	水 (旅行・家族)	ゆうたろう	スタッフ
	28	夏の日の思い出 (家族・旅行)	さちえ	スタッフ
	29	都市高速 (友人・趣味)	ゆうさく	りょうすけ・しんいち
	30	怪我しちゃった (友人・ストレス)	しんご	スタッフ
	31	列車 (友人・旅行)	さちえ	えいじ・ゆうたろう
	32	ゆめタウン* (友人・旅行・趣味)	ゆうたろう	ともた・けいすけ・りょうすけ
	33	僕の職場 (友人・ストレス)	えいじ	しんご・スタッフ
	34	パソコン (趣味・異性)	ゆうさく	ゆうたろう・スタッフ
	35	仙台旅行 (旅行)	ともた	全員
	36	成人式 (友人)	しんいち	全員

*ゆめタウンはおもに中国・九州地方に展開する大型ショッピングセンター

は「金魚を網ですくって洗面器に入れて，洗った。金魚鉢きれいになった」などと言うことが多い。S4：クラゲの劇では，人の役をしていたのが突然ワカメの役になり，シェアリングでは「嬉しかった」との発言があった。

第2期

S7：アメリカ旅行の劇では，客として自発的に参加し，ハンバーガーを買う役を演じた。シェアリングでは「ハンバーガーとジュースとポテトを買った，楽しかった」と話し，泥棒のことなど分かっていない様子であった。S8：えいじやしんいち，補助自我Iに対してバンバンと撃つ真似をすることができたし，3人もそれに応じると嬉しそうであった。富山旅行の劇では，周囲と同じように動くことができた。S10：幼稚園の劇では，ブランコをする場面で，他の演者が前後に走って移動すると，競争するようにして真似していた。非常に良い表情で飛び跳ねるほど動きも軽やかだった。S14：運動会での紅組・白組にこだわり，何についてもこのこだわりになっていくので，運動会の劇をすることとなった。監督の予想通り楽しむよりは勝敗にこだわっている様子であり，自分が白組に入れられていても紅組を応援していた。「紅が勝つといいねー」と言っていた。しかし，この劇の後，こだわりが減り，落ち着いてきた。「あきらめようねーどっちでもいいねー」と言っていた。S16：韓国旅行の劇では，船が揺れるよと誰かが言っても知らん振りであったが，補助自我が「嵐だ」と言うと立ち上がり，転倒する演技をした。S15：ウォーミングアップで北海道のジャガイモの話を自発的にはじめ，「丸いジャガイモはポテトチップスになり，長いジャガイモはフライドポテトになる」と言っていた。面白いので，ハワイ旅行の劇では，ポテト屋になってもらった。途中で客になったりしていたが，シェアリングでは「○○さんにポテトをあげた」とやっていないことを言い，その場でしんいちに渡す真似をしていた。S17：「来年度も青年学級してください」と自分から言って帰った。

第3期

S18：プレゼントの劇では，補助自我Kに「H駅からO駅までの切符」を渡した。S22：海辺での誕生会の劇では，スイカ割りやバーベキューの場面を周囲に合わせて動いていた。しかし，多くの心理劇のセッションで

は内容が難しかったのか観客として座っているのみ。シェアリングでは深刻な内容の劇の後であったが、「楽しかったです」と間違った反応が返ってきていた。

第4期

S25：サッカーの劇では，電車に乗る乗客を自発的に演じていた。S26：亀の劇では亀を演じた。亀役になりきり，同じく亀をしていた大好きな補助自我をからかっていた。S27：水の劇では，水役になり，シェアリングで何をしたか尋ねられ「パイプ（水道管）をした」と場面を理解した発言があった。S28：夏の日の思い出の劇では，セミの役をし，ゆうさくと同じような姿勢で「みーんみーん」と言っていた。シェアリングでは，「セミをした」と言っていた。東京ディズニーシーでは，ダンスをする動きを周囲に合わせて行っていた。「心理劇でセミ役をしたことが今日は楽しかった」と言って帰った。S29：都市高速の劇では工事に必要な車をホワイトボードに書いて，なりたい役を選ばせた。するとけいすけは「消防車・救急車」など関係ない車を書き始めた。劇ではクレーン車を上手に演じていた。S30：怪我しちゃったの劇では，ゆうさくが叩かれたあと「よしよし」とする役を行い，嬉しそうであった。特定のお気に入りのメンバーやスタッフをからかうことが多かった。S31：列車の劇では，主役に役をしてくれと言われ主役自身を演じた。S32：ゆめタウンの劇では，お菓子を買う人の役をし「1万円からお願いします」と自発的に言い店員役のゆうたろうに「だめ」と言われていた。シェアリングでは「9,980円持っていった」と答えるなど，大きな額のお金にこだわっていた。S33：僕の職場の劇では自動販売機の役になり，お金を入れられると，ジュースを出す演技をしていた。

③　けいすけのまとめ

けいすけは，全体を通して，他者の劇に参加していた。意味が分からず，周りに合わせていることも多いが，各期を通して時折，自分の創造性を発揮し，自発的な動きをみせていた。また第1期に，けいすけのために設定した運動会の劇の後，このこだわりが薄くなったことは，心理劇の日常生活に与える効果であったと思われる。

(2) えいじ

① 心理劇開始時の様子

工場で伝票整理をするという職についていた。職場では時々からかわれているが，親切な上司もいて何とか持ちこたえているようだった。本人が，母親に対して100歳過ぎまで生きて，自分の面倒をみてくれるように繰り返し言ってくるとのこと。母親が病気になった時には，死なないかどうか心配している。アニメの場面を暗記していて，それを独語（ひとりごと）で言う，もしくは，好きな歌手の歌を歌いたがるなどのこだわりがみられた。心理劇体験は初めてであった。

② 心理劇の経過

第1期

S3：秋田旅行では，飛行機のパイロット役を演じ，上手だったとしんいちに言われガッツポーズをしていた。S9：赤ちゃんとお婆ちゃんの劇では，えいじは赤ちゃん役を演じ，赤ちゃんらしく泣いていた。シェアリングでは，「涙が出るまで寝ていた，高い高いしてね，ミルク飲んでいたね」と言っていた。

第2期

S7：アメリカ旅行の劇では，さちえに指名されてさちえの弟役をしていた。ハンバーガーショップでハンバーガーを購入したり，泥棒が入ってきた際，家族と共に逃げたりしていた。シェアリングでは「泥棒が入ってきたね」など，内容を伝えた。S8：えいじがしゃべった富山に行く話を劇にしたいと，ともたが言い，さちえが主役でえいじは主役の弟役を演じた。特に何かするわけではないが，周りと同じ動きをしていた。S12：カビゴンの家族の劇ではカビゴンの母親役を振られ，応じるがよくわかっていない様子。S15：ハワイへ行く劇では，「市之瀬家」の弟の役を指名され，引き受け，周囲に合わせて動いていた。S17：コミックマーケットの劇では，どう動いてよいかわからないようであった。しんいちに仮装をしている役に指名され，「あなたは何の仮装をしているのか」としんいちに繰り返し聞かれ，オロオロしていた。補助自我が助け船を出し，「あなたはシャア・アズナブルですよね」と言うと，「そう」と答えていた。来年度も青年学級に

参加したいとしきりに言っていた。

第3期

S18：プレゼントの劇では，補助自我Ⅰに船の模型をあげていた。また，蛇踊りの模型をもらい，蛇踊りとわかってからはその真似をしていた。S20：「桜の木の下で」という劇では，退職したスタッフに会いたいと言い，ゆうたろうにその人になってもらった。監督に「心理劇が好きだから，また来ます」と言って帰ることがあった。S22：海辺での誕生会の劇では，母親役になったにもかかわらず子どものように泳いだり遊んだりする演技をし，父親役の補助自我に「お母さんも手伝って」と言われ，我に返ったように母親らしく振る舞っていた。シェアリングでは「楽しかった」と言っていた。

第4期

S26：亀の劇では，弟役に当てられるが亀になっていた。S27：水の劇では，父親役を当てられ，やろうとするが途中で水役と同じようなことをしてしまうように，人に引きずられて役割が曖昧になることが多かった。S28：夏の日の思い出の劇ではシェアリングで「セミを捕まえたかった」と言っていた。S33：初めて本人の職場についてストレスフルな様子を話し劇にすることとなった。「フォークリフトの人が時々怒る」ということであり，その劇の間は，いつもより強迫的な確認行動とチックが見られた。劇の内容を「怒られる劇」にするか「一緒にがんばろうと言われる劇」にするか尋ねると，「怒られる劇は嫌」とはっきり言っていた。この劇では「僕にいろいろ言わないで」とはっきり言うことができ，無事に劇を終えると，帰り際に監督に対して「自分の働いてるところ見たいでしょう，来てもいいよ」と言ってきた。

③　えいじのまとめ

第1期から第2期では，人に指名された役は嫌がらずに引き受け，分からないながらもこなしていた。第3期になると，自発的な動きも観察された。第4期では，S33で初めて自分の職場の工員（フォークリフトの人）によるいじめというストレスフルな気持ちを劇化するよう希望した。しかも，自分の意志をその場で伝えることもできた。全体として，えいじは，

穏やかな性格ゆえに，全セッションを通して心理劇を嫌がることなく参加しており，他者に補助自我として選ばれることも多く，それがえいじの自分が必要とされているという自己効力感につながっている。

(3) ともた

① 心理劇開始時の様子

高校時代に激しいいじめを受け鬱状態・対人恐怖の状態になったが，その後の施設入所で少し症状が落ち着いて改善してきた。性格は内向的でマイペース。心理劇は入所施設の8年間体験しており，好きである。心理劇の場ではいつもより積極的である。

② 心理劇の経過

第1期

S1：高速バスに乗って鹿児島に行く劇をしたいと言い，バスの窓から桜島が見える劇がいいと言ってきた。S3：飛行機に乗り秋田に行く劇に参加。主役になり，他者の役を指名した。劇では，飛行機の外を見ている場面を演じた。全般的にいつも，旅行に行きたいと訴えることが多かった。家で何をしているかとの問いには，「ゲームしたり，買い物したりしている」と答えていた。

第2期

S7：アメリカ旅行の劇では，ハンバーガーショップの調理員役をする。店員役の注文の声に合わせ，てきぱきと動いていた。シェアリングでは，「泥棒にお金取られたら，ポテトとか買えなくなる」と言っていた。S11：小学校の劇では，花一 匁（はないちもんめ）の歌を自分で歌い，本人自身の役を演じていた。S15：ハワイ旅行の劇では，「市之瀬家のお父さん」の役を与えられ家族で動き，シェアリングで「またハワイに行きたいです」と言っていた。S17：コミックマーケットの劇では，最初同人誌を売る役を行っていたが，途中で周りに流され客の役に変わっていた。

第3期

S19：結婚式の劇では，「市之瀬家」の父親役を演じた。この頃はさちえの指名による父親役が多かった。シェアリングでは「バスに乗っている役，結婚式は楽しかった」と言い，父親役とは意識していない。S20：「桜

の木の下で」という劇では，えいじとしんいちにどこに旅行したいかを尋ね，また本人も桜の役をし，上手にやっていた。S23：携帯電話は欲しいと言うが，どうして欲しいのかは表現できなかった。S24：小学校の事件の劇では舞台にでてくるが，よく分かっていない様子でただ座っていた。

第4期

S27：水の劇では，水役をした。人に引きずられて役割が曖昧になることが多かった。S28：夏の日の思い出の劇ではひまわりをやった。ディズニーシーの劇では，観光客の役など，特にこの回は積極的であった。S31：列車の劇では，お父さん役を指名され，喜んでいるが実際の劇ではあまり分かっていない様子。S36：成人式の劇では「良い成人」と「悪い成人」を演じるが，あまり違いが分かっていなかった。県知事役のしんいちが大声で怒った場面は「恐かった」と言っていた。

③　ともたのまとめ

第1期では，主に「どこどこに行きたい」ということが多く，自分がやりたいと伝えた劇で主役となることが多かった。第2期では，他者の劇の中で補助自我として指名されることが増えた。第3期・第4期では，主にさちえによってさちえの父親役を当てられ，喜んで演じることが多かった。しかし，役作りは曖昧で父親という自分の立場が分かっていないこともある。全体として，ともたは，旅行の劇をリクエストすることがほとんどであり，一方，他者（特にさちえ）から父親という年配の役を当てられ，素直に応じるという繰り返しである。しかし，同じことの繰り返しながら，その場に応じた言動は増えていった。

(4)　しんご

①　心理劇開始時の様子

小さい頃から普通の知的能力を持っていると周りに思われ，また兄弟に知的障害のある自閉症者がいるため，かなり無理をしてきた。そのため現在では不安が強く防衛的で，外では引っ込み思案，自宅では保護者に強く当たるなどの状態にある。電車の路線や時刻表へのこだわりが強かった。しんごはゆうさくからこのグループのことを聞き，ぜひ入りたいと言ってきたため，2年目第3期から参加した。心理劇体験は通所している施設で

半年間体験しており，好きである。

② 心理劇の経過
第3期
S20：初参加で一人で電車に乗ってきたということもあり，緊張していた。「桜の木の下で」という劇では，退園した友達に会いたいと言い，ゆうたろうにその人になってもらった。その補助自我がその友だちに似たしゃべり方をすると顔がこわばっていた。監督に「これからがんばります」と言って帰っていった。S21：同窓会の劇では，しんごが主役で補助自我の助けを得て，嫌いな先生に「そんな大きな声出さないで」と伝える劇をすることとなり，はっきり意思を伝えることができた。どのくらい嫌いかと聞くと腕2本使って×のポーズをしていた。S23：携帯電話は欲しいと言うが，どうして欲しいのかは表現できなかった。「僕の兄弟は心の病気だから，そのことを劇にしたい」と言うが，その場のスタッフが緊張したのをみて瞬時に「そんなこと言ったらいけないね」と言い直していた。

第4期
S25：サッカーの劇では電車の乗客の役を行った。S26：亀の劇では，他の人につられるように亀になっていた。S27：水取りの劇では，水役をしていた。人に引きずられて役割が曖昧になることが多かった。S28：夏の日の思い出の劇ではセミをやり「みーんみーん」と言っていた。ディズニーシーの劇では，自発的に「プーさん」の役をしていた。S29：都市高速の劇では，ブルドーザーの役をしていた。S30：Xさんに叩かれると言い，主役になりその劇を行った。Xさんが好きだから，つい怒らせてしまうということを言っていた。S31：列車の劇では，駅員のように「次は○○駅」と言っていた。S32：ゆめタウンの劇では，お客さんの役で場面にあった応答ができていた。S33：僕の職場の劇では「フォークリフトの人」をダブルの助けで行った。えいじに対して「君は良いときもあるけど，悪いときもあるね」と言っていた。S36：成人式の劇では「良い成人」と「悪い成人」を演じていた。悪い成人では，県知事にばーんと撃つ真似をするなど，「悪い成人」という意味が分かっているようだった。

③　しんごのまとめ

第3期では，やや緊張が高く発言はしても劇の中の演者として動くことは困難であった。しかし，第4期では，他の人につられて自発的に動くことも増えてきた。またS30では，通所施設でのストレスを劇化することができ，それは効果的であった。全体として，このグループへの参加を喜んでおり，自分を表現できる場であることがうかがえる。

(5)　さちえ

①　心理劇開始時の様子

養護学校高等部卒業後，W水産という工場で勤務。加工食品のパック詰めなど行っていた。いじめる人もいるということだが，何とか仕事をしている。えいじとは電話友達であるが，どちらも自分から電話を終わらせられず，さちえが母に助けを求めることも多い。用心深いため性的なトラブルなどはない。「ごめんなさいけど……」は口癖。手紙を書いたり電話をしたりするのが好きで，あまり関係のない人に手紙を出し，多少トラブルもあった。10年ほど前に心理劇を体験しており，その時の心理劇のパターンにこだわっている。

②　心理劇の経過

第1期

S1：「劇の中では『高橋』になります」と架空の名前を用い「高橋家」の構成など全部自分できめる。その他のセッションでは，観客であった。

第2期

S7：夏休みにアメリカに行ったことを話し，それを劇にした。「私，『市之瀬貴子』さんになる」と架空の名前を用い，その名前の家族を選んだ。S8：「えいじが話した富山に行った劇をしたい」と言い，「市之瀬家」で行くことにする。新幹線に乗った場面と，海で波に追いかけられ楽しむ場面を演じた。この頃からスタッフにたくさん話しかけるようになってきた。S15：ハワイ旅行の劇では自分で役を振り当てる。劇では目立った動きは見られなかった。S16：韓国旅行の劇をしたいという。船が「しけ」になった場面と韓国観光の劇を行った。S17：コミックマーケットの劇では，促されると動くという感じで，その場にいることを楽しんでいた。

第3期

S18：プレゼントの劇で，補助自我Aに対し，「結婚式で着ていけるような着物」をあげていた。また，補助自我Aから「春の香り」を渡されると「イチゴのにおいがします」と答えるなどイメージ豊かであった。S19：いとこの結婚式のエピソードを劇にした。「市之瀬家」の貴子役をし，シェアリングでは，「度派手な結婚式が再現できたことが良かった」と言っていた。監督が「何故いつも市之瀬貴子さんなの」と訊くと「本名，さちえでは恥ずかしいから」と答えた。また新郎をからかっていたりょうすけに「面白いことしていた」と言っていた。S22：海辺での誕生会の劇では，いつもの市之瀬貴子でなく「かわいそのこ」になると言った。周囲に合わせて動いていた。S24：最近のことで，ある小学校で起こった事件のことが気になるというのでディスカッションという形で劇化した。話し合いの場面では自発的に話すことはなく，じっと聞いていた。監督がどう思うか尋ねると「恐いです」と答えた。

第4期

S26：「父親と散歩している時，石亀を見つけびっくりした」と言い，それを劇にしたがった。父親にともた，弟にえいじと，いつもと同じ役割を要求した。亀としてけいすけをリクエストした。「さあ散歩にいきましょう」と言ったり，こわがりながら亀を助けようとしたり自発的に動いていた。S28：夏の日の思い出の劇では，「佐々木智子」という役でアイスクリームを食べる役をした。東京ディズニーシーでは，ダンスをする動きや写真を撮る動きを自発的に行った。S31：ウォーミングアップでは，秋病の劇をしたいと言っていた。秋病とは秋にかかる五月病とのことで，職場に行きたくないことだそうである。もうひとつ列車の劇を希望し，本人自身の役で父親や友達と列車になる劇を行った。父親にともた，弟にえいじといつもと同じ役割を要求した。えいじに対し「見て，川があるよ」など言っていた。自分が「やりたい」と言った劇以外は「見ている」と言って観客になることが多かった。

③　さちえのまとめ

第1期では，あまり積極的ではなく，観客として見ていることが多かっ

たが，第2期以降変化があった。第2期では，スタッフと話を多くするようになった。第3期・第4期では，相手の状況で優しい言い方に変えたりする。全体として，自分が嬉しかったことやつらかったことを発言し，それを自分で役を振り当て，演じることが増えた。

(6) ゆうたろう

① 心理劇開始時の様子

小さい頃から過敏で対人関係のトラブルでチックが激しく起こることがあった。異性への関心が高く，テレビや雑誌の性的な発言やグラビアにこだわることがあった。性格は陽気で穏やかである。心理劇は施設入所以来8年間施行されており，心理劇の中で情動を表出することを知っている。

② 心理劇の経過

第1期

S1：他のメンバーの発言に対し，いろいろその場に応じた質問をする。白秋の生家に行き，古い文庫本やカセットを見たと話した。「それからねー」「なんかねー」とたくさん話したがった。しんいちから白秋のことを質問されると「昔の人が小説を書いた，マザーグースの角川文庫」と答えた。鹿児島行きの高速バスでは運転手役をした。しんいちがバスの中でタバコを吸い，それに対して他の乗客は不満を言った。すると本人も「だめよー」，「バスの中では禁煙はやめてください（著者注：間違った言い方）」と言っていた。「ただいまより禁煙しましょう」と言ったりしながら，右手でハンドルをぐるぐる回したりと，ハンドルさばきの演技はうまかった。結局運転手が警察を呼ぶという話になった。シェアリングでは，「大変やった」としんいちを指さして言っていた。「煙が出てねー」，「火事になるよね」とも言っていた。S3：秋田旅行の劇では，スチュワーデスにウーロン茶を頼み，飲んでいた。「着陸とはどういう意味，離陸とはどういう意味？」と聞いてきた。S4：クラゲの劇では，指名されなかったが，自分で出てきてクラゲから逃げる役をとった。「きゃー」と叫んで，走って逃げていた。監督から「どうして逃げたのか」と聞かれると「恐い，来ないでよー」と答えた。「どうしてクラゲは追いかけてくるのかな？」との問いには，「何でかなー」と答えた。S5：蚊を叩くしんいちと同じように動いたりした。

しんいちを真似して蚊が来ると「ばんばん」と言いながら激しく叩く振りをしていた。感想では「はえ叩きで蚊が来たらばんばんやっつけた」と言い，「蚊が死んで，やったー」と言っていた。

第2期

S7：アメリカ旅行の劇では，ハンバーガーを作る店員の役を演じた。泥棒が店内に入ってくると泥棒に向かって「バン」と言いピストルを撃つ振りをした。それにもかかわらずシェアリングでは，監督に「何した？」と聞かれると「何もしていない，お金取られた」と言っており，自発的に行った行動を覚えていなかった。S8：富山旅行の劇では，新幹線に乗っている一般客を演じた。「お弁当下さい」と言ってお弁当を買う演技を行った。海の劇では，ピースしながら写真に写る役をした。S10：幼稚園の劇では，三輪車に乗る役を上手に演じた。S11：小学校の劇では，砂場で遊ぶ子どもを上手にやっていた。花一匁(はないちもんめ)の場面で，「ゆうたろうが欲しい」と言われ嬉しそうにしていた。S14：運動会の劇では，楽しそうに真剣にやっていた。シェアリングでは，「どきどきした」と答えた。S15：ハワイ旅行の劇では，皆と同じようにスムーズに動いた。シェアリングで「ただ食いしている人がいた」という話を聞き「本当ですか？」と大声で聞いていた。S16：船長役をし，船内アナウンスを補助自我の促しで行った。また観光客の役もやり，寺院で拝むとき「はなたれ小僧」と言った。S17：コミックマーケットの劇では，ガオレンジャーの仮装を自発的に行い，補助自我Ⅰが「あ，ガオレンジャーだ」というと，変身と決めのポーズをしていた。

第3期

S18：プレゼントの劇は補助自我Kから「これからも青年学級でがんばろうという気持ち」をプレゼントされ，自発的に「これからもがんばるぞ，オー」と言っていた。その後，「僕にがんばろうという気持ちをプレゼントしてくれたのは，僕が居眠りしていたからですか？」と聞いてきた。この時期，自分が興味ない場面では，居眠りすることが多かった（著者注：のちに居眠りするのは興味がないからではないことが判明した）。来年も青年学級を続けてくださいと著者に手を合わせてお願いしていた。S19：結婚式の劇では，新郎の友人役となり新婦の介添人に「おばさん，おばさん」と言っ

たり，新郎に「おめでとう」と言いながらクラッカーを鳴らすなど，青年らしい役がとれていた。シェアリングで監督が「ゆうたろうも結婚したい？」と聞くと，にやにやして「うーんわからない」と答えていた。S24：舞台には出てくるがあまり積極的ではなかった。アルバイトの話になると新聞配達という。その頃起こった小学校での事件については，監督の問いかけに対し「ピンクチラシ貼ったらいけませんね」と言うなど，殺人よりゆうたろうにとってはピンクチラシの方が大きな興味をしめていた。「ピンクチラシ見たいの」と聞くと「見たらいけません」と即答してきた。

第4期

　S26：亀の劇では自発的に亀の役をしていた。S27：水の劇では主役になり，水をくむ役をする。発言も多かった。S28：夏の日の思い出の劇では太陽の役を自発的にやるなど，持続力・集中力もあった。ディズニーシーの劇では，パレードの場面で自発的に参加し，非常によく話していた。S29：都市高速の劇ではクレーン車の役になり，腕を伸ばしたり，上下させていた。S32：ゆめタウンの劇では，店長役になり自発的にテープカットをした。またその後店員役となり客とやりとりしていた。1万円で払おうとする客に「だめ」と言っていた。S33：僕の職場の劇ではえいじが職場でいじめられている話を聞くと「げんこつされたことある？」と適切な質問をしていた。S36：成人式の劇では「悪い成人」「良い成人」どちらも上手にする。「悪い成人」では，式の途中でカラオケに行く役で県知事をカラオケに誘っていた。

　③　ゆうたろうのまとめ

　ゆうたろうは，このグループが始まる以前から心理劇治療の対象であり，心理劇での動きについては集団メンバー中一番熟知していた。そのために，第1期から積極的に劇に参加した。自分の持っている社会的知識を表現し，自発的な動きや発言も多かった。しかし，第3期で見られたように，社会的な大事件の話をしているのに自分の興味・関心の対象である「ピンクチラシ」のことを言い出すこともあった。

(7) しんいち

① 心理劇開始時の様子

小さい頃から普通の知的能力を持っているとまわりに思われ，かなり無理をしてきた。話し方は普通である。テレビのニュースやサッカー，野球が大好きで，その話を始めると話がとまらない。何人か友達がいて，休日はいっしょにサッカー観戦などしている。将来に対する不安が強く，不安なことは質問しないと気が済まない。心理劇体験は今回が初めてである。

② 心理劇の経過

第1期

S1：最近のできごとについて聞かれると「この前，自分が釣りに行って戻ってきたらバスジャックでみんな騒いでいた」など発言した。劇には恐がり出なかった。「バスジャックされると恐いから」だそうである。「28日に体育祭があるから疲れるから心理劇はしない」「3年生になるといろいろと大変」など言っていた。S6：高校受験のための進路相談の劇を行う。劇では，真剣に本当の面接のように質問をしてきた。「どうやって試験を受けたらいいか，試験に受かった後，入学するまでどんな手続きが必要か」などであった。劇終了後も，「手続きの日を過ぎるとだめなんだ」と言っていた。「学校やお母さんがそのことはよくわかっているから大丈夫だよ」と伝えると落ち着いて「学習塾へ行く」と言っていた。

第2期

S15：しばらく高校受験のためお休みしていた。合格したことを皆に嬉しそうに報告した。心理劇にも演者として参加した。S17：今日は参加しないと言い，観客として見ていた。野球チームのことやサッカーのことなどよく話してきた。

第3期

S20：「桜の木の下で」という劇では，退職したスタッフと会いたいと言い劇化する。その相手に対し「自分が留年しないか不安である」と訴えていた。補助自我Tに励まされ元気が出たと言っていた。人の劇は見ていなかった。S21：同窓会の劇に関して五月病の人を励ます人の役をした。学校での生活がストレスである様子であった。このころから監督に「カウ

ンセリングをして欲しい」と毎回言って来るようになった。S23：携帯電話が欲しいのに母親が買ってくれないと言い劇化することとなった。どうしても欲しいと言い，携帯電話を持つことのメリットばかり挙げていた。デメリット（経済的なことなど）はわかっていても聞きたくない様子であった。S24：小学校の事件の劇では，「大学生がしたら退学になりますね」と自分の興味関心の話題にずれていった。だて眼鏡が欲しいとのことで監督に相談してきた。

第4期

この頃は，主に観客となり見ていることが多かった。S29：都市高速の劇では工事現場主任の役を自発的にとり，人に指示する役をとりたがった。また，開通式では県知事の役をした。「県知事になるには大学を出なければならない」と言っていた。事件事故について新聞やニュースをよく見ており，外国で起こったテロのことが気になるようで，よく話していた。監督にパソコンが欲しいと言ってきた。このグループではレギュラーだが，他ではレギュラーになれないと言っていた。S36：成人式の劇では県知事を自発的に上手に演じた。県知事として大声で怒り，「写真撮影ではピースとかしたらだめだ」と言っていた。「立派な県民になるように」と皆に説教をしていた。

③　しんいちのまとめ

第1期・第2期では，高校受験という，本人にとって気がかりな問題のため，休むことも多く，劇も自分の問題を劇化する以外は参加できなかった。第3期・第4期では，本人の問題をしゃべることも多かった。他者のために演じるということはまだできないが，他者の劇を観客として見，シェアリングで感想を言うことはできるようになった。全体として，第4期で本人が言っているようにここでは，自分はレギュラー（重要な人）であるという自己効力感をもつことができていることが認められる。

(8)　りょうすけ

①　心理劇開始時の様子

会話は流暢であり，小さい頃から高い知的能力を持っていたが，対人面でのトラブルが絶えなかった。現在では，パソコンでの遊びに没頭し，日

頃の生活では孤立して友達はほとんどいない。心の友である「ラビラビ」という本人が作り出したキャラクターがいたずらをするという話を作り，それを筆者らに話して聞かせることでフラストレーションを解消している。心理劇は 2 年間体験しており，その場では自分を出せると思っており，好きである。

② 心理劇の経過

第 1 期

S1：高速バスで鹿児島に行く劇では乗客（「ダイテツ」という名前の人になりたいと希望）で，車中でタバコを吸ったり，携帯電話で大声を出したり，態度の悪い客を演じる。運転手が呼んだ警察が来ると，警察が乗ってきたパトカーを奪い逃走した。普段はできないことができたと満足そうであった。S2：三顧の礼の劇では自分で提案し，孔明役を見事に演じた。他の役も振り当てた。S3 の飛行機で秋田に行く劇と S4 のクラゲに追いかけられる劇は，観客として見ており，感想を言っていた。S5：蚊の劇では，ナイフ（実際にはない，振りのみで表現）を蚊役に向かって投げるという演技をした。「無限」というゲームを劇にしたいと言うが，説明を求めると難しいからしなくていいと言い，劇化を断念した。S6：しんいちに対し受験勉強についてのアドバイスをしていた。

第 2 期

S8：富山旅行の劇では，自ら乗客として自発的に参加し，携帯電話を使用し，デッキで電話するように言われる商社マンを演じた。日本海を観光する場面では，売店でホットドッグを 25 個買い，それを平らげるという役を演じた。ラビラビの話をしたがった。ラビラビは，この頃は成長し，バイト生になっていた。S9：赤ちゃんとお婆ちゃんの劇では，お婆ちゃん役になり，赤ちゃんをあやしたり，急に腰が痛くなるような場面を自発的に演じた。S11：小学校の劇では，本人役を演じ，一人で黙々と砂遊びしている場面を演じた。シェアリングでは，「昔の自分を思い出して，楽しいのか悲しいのかよくわからない」と言っていた。仲間といる楽しさがわかってきたゆえの発言と思われた。S12：本人の希望によりカビゴンの家族の生活を劇化した。役になりきりたくさん食べたり，食べた後道路に寝るとい

う役をうまく演じていた。S15：ハワイ旅行の劇では，ポテトを売る人をしていた。ただで食べた人の頭を叩く真似をしていた。注文された個数に合わせてポテトを渡すなどしていた。シェアリングでは，「ポテトの塩加減が少なかった」と言う。S17：コミックマーケットの劇では，主役となり，「むろみち」という架空の人物になった。サークルでコミックを購入したり，コスプレした人の写真を撮ったりした。シェアリングでは「熱気は少なかったが雰囲気は出ていた」と嬉しそうに言っていた。

第 3 期

S18：プレゼントの劇では，けいすけから車のプラモデルをもらいよく眺めてけいすけにお礼を言っていた。補助自我 I からもらった「漫画の書き方」の本に対しては「自分のことをよくわかってもらって嬉しい」と言い，お礼を言っていた。補助自我 M に対して「パンドラの箱」を渡し，その理由として禁煙している補助自我 M に対しタバコを抹殺したいと言っていた。ただし，「タバコを憎んでいるのであって，補助自我 M のことは好き」とはっきり言うことができた。来年度も青年学級に来たいと手を挙げて意思表示していた。S20：「桜の木の下で」という劇では，ゆうさくから初めての人と仲良くしたいと言われ前に出てきて握手をした。高校の授業が 7 限まであり，大変だと言っていた。この日はいつにもまして機嫌が良く駄洒落が多かった。S23：携帯電話が欲しいという劇では，「ビジネスマンじゃないんだから」「始終電話がかかってくると思うと気が狂いそうだ」など自発的に発言した。「人とコミュニケーションすることを欲していない，もしくはそこを避けようとしている」と自分で伝えてきた。S24：小学校での事件については，監督の問いかけに対し「犯人の気持ちは分かることもある，でも悪いことだとわかっているからしない」と言っていた。他の対象者が頓珍漢な話をすると以前は馬鹿にしていたが，このような態度は改善された。

第 4 期

S28：体育祭の練習で疲れているという理由で寝ていた。ゲームを買った話をしたところ，ゆうたろうに「どうしてゲーム買ったの？」と聞かれ，「欲しかったからに決まってるだろう」と答えていた。S29：都市高速の劇

第4章　心理劇の実際(3)

ではトラックの役になり，土砂を運んでいた。S32：ウォーミングアップで「世の中全て灰色に見える。花に対して無感動になった」と言ってきた。ゆめタウンの劇では，「むろみち」になり，補助自我Ⅰに声をかけられ嬉しそうに会話する演技を行った。シェアリングでは「なつかしい友達に会えて良かった」と言っていた。S36：成人式の劇では「悪い成人」としてゲームをしている役をした。シェアリングでは「いつもの僕だよ」と自嘲気味に答えていた。「良い成人」の役はしなかった。ただ良い成人とは「公私の区別が付いていること」と明確に答えていた。1年の抱負を聞くと「大学合格めざしてがんばる」とはっきり言っていた。また，このグループは「自分が自分らしくいられる所」と言った。

③　りょうすけのまとめ

第1期・第2期では，自分のエピソードを劇化したがり，創造的に動くことはあった。しかし，第3期・第4期では，それに加えて，他者との自発的なやりとりが多くなり，また，そのやりとりも相手のことを考えて接することが少しずつできてきた。このグループは自分らしさを認めてくれる安心できる場として位置づけられていると思われる。

(9)　ゆうさく

①　心理劇開始時の様子

話しても，特に発音などに奇異なところはない。「ねばならない」の世界に生きており，思い込みが激しくそのようにならないと気が済まない傾向がみられる。気になる人に不適切な言葉を発し，そのことを非難されると落ち込んだり怒ったりすることがあり時々問題になっていた。性格は明るく，普通はとても紳士的であった。心理劇は通所している施設で2年間施行された。心理劇の場では「良い子」を演じたがることが多かった。

②　心理劇の経過

第1期

S1：乗客役でバスに乗車。しんいちが騒いでいても全く気にせず，外の景色を見るような演技をしていた。S4：海岸に自分と母親とで行ったことを劇でやりたいという。登場人物はバスの運転手，自分，母親，乗客，クラゲ，ワカメ，貝柱だと言い，自分の役は自ら演じていた。クラゲに追い

かけられて母親役の補助自我Kが「助けて」と助けを求めると，手を引いて一緒に逃げていた。クラゲを見たときの表情を驚いた顔で表現していた。

第2期

S7：アメリカ旅行の劇では，客として自発的に参加し，ハンバーガーを買っていた。シェアリングでは，「犯人が自分の方に来なくてよかった，すぐに逃げることができたのでよかった」と言っていた。S8：富山旅行の劇では，日本海の「波」の役をうまく演じ，波のイメージについて「日本海の波は穏やかな少し寂しい感じ」と言い，それに併せてゆっくり前後に動き小さい声で「ざぶーん」と言っていた。S10：幼稚園の劇では，三輪車に乗って他者に追いかけられる役をした。また，ブランコに乗っている子供たちを見て自分もブランコに乗る役を演じていた。S12：カビゴンの家族の劇では「街の人」役で，寝ているカビゴンを運ぶ役をしていた。S13：補助自我Yのメガネが気になるというのでその劇をするが，あまり自分を出そうとしない。シェアリングでは，「何度も同じことを言うのはよくない，違う話をしなくては」など言っていた。S14：運動会の劇では，楽しむよりは勝敗にこだわっていた。S15：ハワイ旅行の劇では，ポテトをただ食いする役を演じた。シェアリングでそのことを指摘されると「試食していたんです」と言い，その場でお金を払う演技をしていた。S16：韓国旅行の劇では，バイキング料理を食べるところをうまく演じていた。船が揺れるよと誰かが言うと身体を揺らしたりしていた。寺院では座禅し，お参りする場面をうまく演じていた。ゆうたろうの真似をし「はなたれ小僧」と言い，地元の人役の補助自我Kに注意されるが，シェアリングでそのことについて「礼儀が悪かったので怒られた」と言っていた。S17：コミックマーケットの劇では，最初客の役をしていたが，ゆうたろうの動きを見て，途中から仮面舞踏会のダンスをしていた。

第3期

S18：プレゼントの劇では，補助自我やメンバーなど複数の人にそれぞれ考えたプレゼントを渡していた。補助自我Yにこだわり関わろうとする一方で，補助自我Yが同じことをすると「やめろ，むかつく」と言って

いた。S19：結婚式の劇では，新郎役の親戚を自発的に演じていた。またバスの運転手の役も言われると引き受け「発車します」「到着です」など細かい演技をしていた。こだわっている補助自我Yのことが気になり，劇の中でもその人に関わろうとしていた。シェアリングでは「披露宴が楽しかった」と言い，また本人のことを「はしゃぎすぎた人がいた」と言われるとすぐ自分のこととわかり大声で笑っていた。S20：「桜の木の下で」という劇では「退職したスタッフに会いたい」と言い，その劇を行った。特に深い話はせず「これからがんばります」と言っていた。S23：携帯電話は欲しいと言いながらも，「契約とか難しい」とはっきり言っていた。小学校の事件については，詳細を知っていた。それだけでなく過去の少年事件の話を始め「自分もそんな気持ちになる時がある，本当にはしないけど」と言っていた。

第4期

S25：サッカーの劇では自分の弟の友達役をし真剣に応援し始めた。またテレビの解説者のように実況を始めた。友達の家に夜出かけて一緒にテレビを見ることにあこがれているようであり，この回の劇は特に積極的であった。S29：都市高速の劇をしたいと言い，ブルドーザーの役をうまくやっていた。補助自我の動きを上手に模倣していた。S30：怪我しちゃったという劇では，Xさんが見ているテレビの役をし，タモリの真似で「笑っていいとも」のテーマ曲を歌ったりしていた。S34：パソコンの劇を行い，パソコンに，女の人の名前をたくさん打ち込んで楽しんでいる自分の姿を皆の前で演じた。S36：成人式の劇では「悪い成人」を演じられず，シェアリングでは「(悪いことは) やってはいけないから」と言っていた。

③　ゆうさくのまとめ

第1期から，自分と母親とのエピソードを劇化したがるなど積極的であった。それ以降も自発的に創造的な役をとり，シェアリングでも自分の意見を述べるなど全体として，自分の気になっているエピソードを，その話の流れに沿って劇化したがることがうかがえる。

8.3 創設時の様子より

　ここまでX年より始まった青年学級という心理劇を施行するグループの活動を示してきた。各事例は、それぞれ以下のような変化があった。以下4点について考察する。

　第1に、2年を半年間ずつ4期に分けて整理したが、その結果、各期は次のような特徴があった。第1期は、模索期であった。それぞれが自分のこだわりを主にスタッフの援助によって劇化した。第2期は、他者を仲間として認知した時期であった。皆でできる劇が増えた一方で、役の振り当てが固定してきたなどが特徴として挙げられる。第3期は、新たな関係を構築する時期であった。もう一人メンバー（しんご）が増え、いつもの役割に少し変化が生じてきた。第4期は、深まりの時期であり、それぞれの気になることを積極的に劇化したがる。第1期との違いは補助自我のみでなく、仲間である他者のために劇に参加できるようになったことである。また、事件や社会問題なども劇のテーマとして挙がるようになり、ソシオドラマとしての展開が見られてきた。

　第2に、主たるテーマについて考察する。まず、趣味として、旅や買い物、楽しい思い出がよく出てきた。また、人間関係として、異性、母子関係、家族、仲間、さらには人間関係のトラブルに関するストレス等が取り上げられた。さらにアスペルガー障害者については、進路について取り上げられることがあり、彼らが現在や未来に不安を抱いていることがわかった。また、社会問題などもテーマとして取り上げられた。これらより、彼らにとって対人関係に関する様々な思いがあることが劇のテーマとして示された。彼らは一見、人との関わりを求めず、それらについて表面的には満足感も、逆に不満も持ちにくいと一般には思われている。しかし、実はそうではなく、他者との関係において様々な思いを抱いているが、それを日常場面でうまく表現できないのである。心理劇はその構造上、思いを表現しやすく、また、心理的安全を保ちつつ不安に直面できる場である。それが、心理劇のテーマにも反映されたと思われる。

　第3に、自閉性障害とアスペルガー障害という、似ているけれども異なる特性を持っている障害種別の特性について考察する。彼らの共通点は、

対人関係の障害と，その原因として独自の興味・関心（つまり，症状としてのこだわり）に沿って物事と直面してしまうことが挙げられる。そのこだわるという特性に関して，それぞれの障害の特徴が心理劇の経過より認められた。まず，自閉性障害者は，ものそのものや，一つの事柄にこだわる傾向が認められた。例えば，ともたにおけるS1/3/8での旅行へのこだわりや，けいすけにおけるS14での，紅白へのこだわりなどにそれらが示されている。また高機能自閉性障害であるさちえでは，役割の振り当て方のこだわり（S1/16/26などで，自分は仮名にする，同じような役を同じ人に振り当てるなど）が見られ，ゆうたろうは自分が気になっている異性への関心や成人らしい所作にこだわっている（S19/24）。ただし，数名の事例は知的障害の要因を多少もっているため，知的障害の程度はこれらのこだわりの内容に関連していると考えられる。一方，アスペルガー障害者は，エピソードにこだわり，かつ，時間の概念を思わせるような事柄の流れを含めてこだわる傾向が認められた。例えば，りょうすけにおけるS12や，しんいちにおけるS29など，かなり自分のファンタジーの世界を言葉で表現でき，時間の流れに沿って役割を演じることを要求できることなどから，上記の傾向が認められた。さらに，自分の地位，立場の安全性にこだわる傾向が認められた。しんいちは，S19/36で，偉い人（市長や知事）を演じ，自分を誇示しようとした。これらの傾向は，知的障害の有無のみでなく，各事例の対人関係の障害の程度や，自己意識，他者認知の程度に起因している可能性が考えられる。こだわりのレベルによって，障害ごとの特徴は見られたが，共通して各事例独自のこだわりが劇に反映されていた点は興味深い。

　第4に，仲間関係について考察する。もともと，各事例は心理劇を施行する以前から筆者が行ってきた療育活動の対象者であり，彼らはほとんどが互いに顔見知りであった。しかし，彼らが自発的に話し合ったり，他者を気遣ったりという言動はほとんど見られなかった。しかるに，本研究での実践を通して数名の特定の他者に自発的に話しかけたり（さちえ，えいじ，ともた，けいすけ，ゆうたろう，ゆうさく，りょうすけ，しんいち），気遣いを示したり（さちえ，ともた，けいすけ，しんいち，りょうすけ）

する様子が認められた。また，補助自我だけとしか話のできなかったしんいちやりょうすけが，他の対象者に話しかけたり，他者のことを話題にしたりする様子も観察された。以上より，心理劇の場を利用して対象者の仲間意識を育むことが可能であることがうかがえる。さらに，心理劇の場は同じような「人と上手に関われない」という苦しみを持つ仲間同士のピア・カウンセリングの場として機能していることも推察される。

8.4 それから10年を経た現在

現在，青年学級の活動は12年目を迎えている。上記事例はすべて続けてこのグループに所属し活動している。X＋1年から10年を経た現在の様子についてそれぞれ示す。

(1) けいすけ

自分から積極的に参加することは苦手と思われていたが，欠席することなく殆ど全てのセッションに参加し，指名された役は受けるという一貫した態度である。劇に参加した時には，補助自我の援助を受け動くことができてきた。時々自分のファンタジーの世界である「ひよこサブレとひよこ饅頭」や「明美と朋美」など二対のものからなる話を劇化することが多い。心理劇については「面白いです，続けたい」と言い，共に参加している仲間の名前をすべて言う。

(2) えいじ

自分のテーマを劇化したがり，他者の劇にも依頼があれば参加するなど意欲的である。誰にでも穏やかに話しかけることができる。先日，自分が小さい時に住んでいた家を年に1回一人でこっそりと見に行っているその様子を表現したいと言い，皆で劇化する。このように家族も知らないことをこの場では皆に話し，一緒に表現することを心から楽しんでいる。職場でのトラブルにも何とか対応し，仕事を続けている。心理劇については「心理劇は，皆と一緒に遊んだりしますから……，役したりも楽しい」と言ってくる。

(3) ともた

心理劇の場は大好きで，初期と同様に旅行をテーマにした劇をしたがる

ことが多い。しかし旅行する相手は家族や友人などその時々で変わり，彼なりにバリエーションを付けていることがうかがえる。他者の劇では協力的で皆に好かれている。保護者との関係が良好で，保護者への気遣いや気の利き方が非常に洗練されてきたとの報告がある。心理劇については「楽しいです。いろんな劇，楽しかったこととか，いろいろな所に行く劇が好き，劇をした後，うれしい気持ちになる」と言う。

(4) しんご

初期には話したり，劇化したりすることを嫌がっていた家族に関する悩みを積極的に伝え，劇化したがる。劇化の時にも「励ますだけでよい」とか，「他の人に僕の役をしてほしい」など明確に伝えることができている。他者との距離感のあるつきあい方もうまくなってきた。心理劇については「心理劇をすると気分が良くなる，落ち着いてきます，自分の気持ちいらいらとか助けるために……，心理劇の後はすっきりする」と言う。どうしてすっきりするのかと尋ねると「わからないけど，心理劇をしなかったら，すっきりしない」と言う。

(5) さちえ

自分の役にはけいすけを，その相手にはえいじをというようなパターンやいつも同じような話題を同じような流れで劇化したがることは変わらないが，一方で，他者の劇を見て自分もこうしたいと伝えてきたり，他者の劇で補助自我として参加したりと変化も出てきた。また，最近は初めて会う新人のボランティア参加者を自分のダブルとして指名し，その人たちとの交流を楽しむという人間関係の広がりが出てきた。心理劇については「心理劇をすると気になる気持ちや寂しい気持ち，怖かった気持ちがなくなる，心理劇をするのは難しくない，心がスーッとする」と言う。

(6) ゆうたろう

自分の悩みを劇化したがり，わからない言葉や動作については積極的に質問するなどこの10年，一貫して参加意欲が高い。仲間との交流も多く，スタッフや対象者にいろんな話をしてくる。ただし，その話題は自分の興味関心にもとづくものが多い。このグループでの活動を非常に楽しんでいる。第3期（157ページ）でも示したが，時々心理劇の場で居眠りをするこ

とがあるので本人にこのことを尋ねると，「心理劇は楽しい，心理劇をしていると途中で眠くなる，退屈じゃない，気持ちが良くて眠くなる」と言う。

(7) しんいち

劇への参加については自分のテーマが劇化され主役の時には意欲的であるが，他者の劇にはほとんど参加しない。観客として見ることはできるが，意見なども言わない。一方で個人的な悩みを著者をはじめとする何人かのスタッフに打ち明け，助けを求めることがある。心理劇については特に発言はないが，このグループに参加することは本人にとって意味あることらしくサッカーチームの一員であるかのような発言「髙原監督（著者のこと）からオファーがあるから忙しいけどここに来るんだ，自分は永久にメンバーだからね」などとまじめに言うことがある。

(8) りょうすけ

彼は，最近はあまり自分の問題を劇化することをしなくなった。むしろ初期の方がファンタジーの世界や自分の悩みなどを劇化したがっていた。今は観客として見た劇のコメントをするか，補助自我として指名されたときにたまに参加するかである。一方，劇以外の場面では他者とよく話したり，年齢が若い高校生などの参加者にはアドバイスしたりなど，積極的である。また，最近「自分は人と関わるのが苦手だったから，なるべくそれを避けてきたが，就職活動中の現在，そのつけが回ってきて大変なんだ」など自分をよく見つめた発言が多い。心理劇については「ここにいると自分が自分らしくいられるから好きだ」と言う。

(9) ゆうさく

はじめはあまり積極的に自分のことを劇化したがらなかったが，最近はメンバーの中でもさちえと共にもっとも積極的に自分の悩みを劇化したがっている。特に，他者とのトラブルや過去の学生時代に感じたことなどを本人なりの表現で伝えてくる。また，以前は厭なことがあると激しい言葉でその不快な気持ちを紙に書いたりパソコンに打ってきたりしていたが，今では嬉しいことを表現することも多くなった。心理劇については「自分の気持ちを抑えることができるし，悪い気持ちを良い気持ちにできる，切り替えモードやストップモードがかかると落ち着く」と言う。

第 4 章　心理劇の実際(3)

図 4-10　旅は続く

　このように，どの対象者も多少変わってきた部分や，変わらない部分を持ちながらこのグループでの活動をそれぞれ楽しんでいる。彼らの生涯発達支援の場としてまた，特に情操を育む支援の場として青年学級が有効に機能していくように今後も不断の努力を続けたい。最後にゆうさくが最近の心理劇のセッションの後で書いてきた感想の一部を引用させていただきたい。

　「平成○年○月○日，僕たちはバスに乗り熊本大学の実践センターに行き，昼食をとった後，絵画と心理劇をした。僕が話した劇をした。何も問題はなく笑ったけど上手く話せて良かった。他の友達の劇，青春18切符（旅行の劇のこと）や弟の劇もうまく出来た。こだわりをなくすと気が散らない。青春18切符では，青春時代を思い出し，高校時代を思い出した。キャンディーズや南佐織など，まるで17歳の頃の写真だった。熊本大学を出発し，学生さんたちと別れた。とても楽しかった。学生さん達と上手く話せて良かった。熊本の思い出はとても印象に残った。熊本は肥後の町だった。青年学級後半は○○に行く。僕たちの旅はまだまだ続く。」

（髙原朗子）

文　献

Wing, L. 1981　Asperger's syndrome : A clinical account. Psychological Medicine, 11 ; 115-129
髙原朗子　1993　自閉性障害者に対する心理劇治療の試み．心理劇研究, 16, 1-7
髙原朗子　1995　自閉性障害者に対する心理劇——感情表出の促進を目指して——．心理劇研究, 19(1), 1-8
髙原朗子　1998　自閉性障害児・者に対する心理劇——2泊3日の林間学校を通して——．心理劇研究, 21(2), 1-12
髙原朗子　2000　思春期を迎えたアスペルガー障害児に対する心理劇．心理劇, 5(1), 39-50
髙原朗子　2001a　高機能自閉症者に対する心理劇．心理臨床学研究, 19(3), 254-265
髙原朗子　2001b　あるアスペルガー症候群の青年に対する心理劇——「ねばならない」の世界から「ゆっくりのんびり」の世界へ——．臨床心理学, 1(6), 789-798
髙原朗子（編著）　2007　発達障害のための心理劇——想から現へ——．九州大学出版会

[**謝辞**]　本項の事例に名付けられている名前は，著者らと主に心理劇の療育に当たっている仲間のお名前の一部を拝借した．たくさんの仲間の協力によってこの事業が行われていることに深く感謝します．

第 5 章 考 察

　第 2 章から第 4 章において発達障害児・者に対する様々な心理劇の実際を示してきたが，本章では，発達障害者になぜ心理劇が適用できるのかについて以下考察したい。

1. 本著の目的

　第 1 章 21 ページで示したように，本著の目的は以下 3 点であった。
　第 1 に，年齢や臨床の場など前著にまして様々な心理劇の臨床場面を紹介し，その効果について検討する。
　第 2 に，前著では課題としてとどまっていた点の回答を示す。前著では課題としてとどまっていた点とは具体的に示すと以下の通りであった。
　① 短期間の適用では効果が認められず，心理劇の意味が十分伝わらず逆効果になる危険性がある。本研究においてもはじめの半年，1 年はただ無表情に参加していることも多かったが，その彼らがある劇を境に「生き生きした情動表出」を示した例はいくつもあった。したがって，時間がかかることは適用上の限界である。
　② 心理劇では，集団心理療法というように原則として対象者だけでなく治療者も複数必要となる。その複数の治療者は主治療者である監督を中心に対象者の補助自我として，それぞれが連携をとって関わっていかねばならず，これがこの技法の特性でもあり，限界でもある。

さらに，第1の目的とも重なるが，前著では今後施行する時の参考マニュアルとして示すにとどまっていた内容を，実際に特別支援教育の場で施行したその結果を示し，専門スタッフだけではない状況でも心理劇的支援を行う上での配慮点なども示していった。
　第3に，第2章から第4章では前著と同様に事例を多く示し，より具体的に方法や内容を提示した。特に第4章では，同じ場面の内容でも異なる立場の執筆者によって書かれているその違いなども味わっていただきたい。

　以下に，これら目的に本著がどう応えていったかについて述べる。

2. 心理劇の実際より導き出された結果

(1) 前著にまして様々な心理劇の臨床場面を紹介し，その効果について検討したか。

　第3章1節の池田論文における「さくら保育園」の実践では，就学前の子供を対象に心理劇を導入しているわけではないが，療育の随所でロールプレイング的場面操作による発達支援を行っている。療育プログラムを進行するプレイリーダーと補助スタッフの役割は，心理劇における監督と補助自我の役割に似ていることもあり，保育実践を行うスタッフにとって心理劇的感性を涵養することの必要性を述べている。また，「さくらキャンプ」では，毎回兄弟児プログラムの一環として心理劇を実施しており，その実践も示された。
　第3章2節の矢野論文では，特別支援学校小学部で行った社会性を高める支援法の一つとしての心理劇実践について報告されている。それは，ニーズに応じた小集団（社会性，性教育，掃除）の学習の一環として行われた。小学部1，2年生の中から3名の児童を対象に感情表出能力を高め，対人関係の向上をめざすための心理劇の実際が示され，その効果を検証していった。

第3章3節の工藤論文では，同じく特別支援学校で心理劇的手法を用いた「帰りの会」での劇指導の実践事例である．このような指導の多くでは，子供たちのこれまでの学習の成果を劇の中で発表させることという目的が重視されていたが，工藤氏は心理劇の考え方を導入し，ストーリーに合わせて子供たちの感じたことを演じさせることを通して，人との関わりを育てることに重点を置いた劇指導を実践した．

さらに，第3章4節および第4章3節の松井論文では，「あおぞらキャンプ」という年に1回，夏季2泊3日で，広汎性発達障害を有する児童・青年に対し適応能力を伸ばすことを目的に，種々の適応訓練・学習訓練を行っている療育キャンプの報告がなされた．対象は小学生以上の広汎性発達障害児・者で，スタッフは，監督1名，補助自我2～3名程度であり，対象児・者につくトレーナー（学生ボランティア）も一緒に参加した．トレーナーには，心理劇体験がなくても補助自我的な役割をとることが期待された．心理劇は，キャンプで体験したことの中から印象に残った場面を抽出し，他者と一緒に再現し，感情体験を再体験するものであった．この報告では，心理劇が，このキャンプの大きな目的をより積極的に果たしていくものであることを示した．

一方，第3章5節および第4章2節の吉川論文では，LD児・者親の会「YYの会」でのロールプレイングや心理劇の実際の紹介があった．対象児は，LD（学習障害）・ADHD・高機能自閉症・アスペルガー症候群等を含む，いわゆる「発達障害」全般であった．その活動のひとつとして，ソーシャルスキルの学習グループができ，保護者や学生ボランティアのスタッフによる定期的なグループ活動が行われた．

第4章4節の金子論文では，大学に在学中のアスペルガータイプの発達障害者に対するロールプレイを用いてのカウンセリングの実際の報告がなされた．カウンセラーという立場の臨床家がいかに本人のためにプログラムを作り実際の支援をしていくかについての経過が具体的に示された．

前著でも紹介した就学児の活動「寺子屋さくら」については第2章1節の渡邊論文および第4章1節の池田論文によって，さらなる工夫が示された．言語会話能力やお互いの相性を考慮し，3グループに分け心理劇を実

施していることや，視覚的な教材を使って劇化に入る支援をしていることなどであった。

(2) 前著では課題としてとどまっていた点について

① 短期間の適用では効果が認められず，心理劇の意味が十分伝わらず逆効果になる危険性があるという課題への回答

支援を行うにあたって，期間や場所が限られた学校などでの適用について第3章2節の矢野論文では，小学部1，2年生に対して行った社会性を高める支援法の一つとしての心理劇について報告がなされている。3名の対象児に対して，多くの場合，担任であった著者が1人で監督や補助自我の役割を努めながら支援をすすめ，様々な変化が見いだせた。また，第3章3節の工藤論文では，特別支援学校で心理劇的手法を用いた「帰りの会」での実践事例があるが，これも限られた時間，限られたスタッフで行うための工夫として水戸黄門という子どもたちがよく知っており，分かりやすくて，教育的支援が可能な題材を利用した点で，うまく実践が進んでいる。上記両論文ではどちらにもスタッフ，時間や環境の制限などの諸問題を何とか乗り越える努力が見られ，多くの教育現場で参考となるのではないだろうか。

② 前著では今後施行する時の参考マニュアルとして示すにとどまっていた内容を，実際に施行し，専門スタッフだけではない状況での配慮点なども示したかどうかについて

上述したように第3章2節の矢野論文では，特別支援学校小学部の社会性を高める支援法の一つとしての心理劇について報告しているが，矢野氏は前著の内容を読んで自分なりにその課題を組み立てて実践していった。また編著者である髙原も一緒に場面に入り，助言を行い改善を重ねていった。

第2章1節の渡邊論文および第4章1節の池田論文では，前著でも紹介した就学児の活動「寺子屋さくら」のことを書いているが，前著のマニュアル等を参考に視覚的な教材を使うなど発達段階に応じたさらなる支援を行った。

第4章4節の金子論文による大学に在学中のアスペルガータイプの発達

障害者に対するカウンセリングの実際は，まさに高校や大学，専門学校，さらには職場などで発達障害ゆえに社会適応できない学生や社会人のための心理劇の考え方を利用した支援の一つの方法を，マニュアルとして提起しており，参考になると思われる。

　③　心理劇では，治療者が複数必要となる点について

　これは，様々な立場の支援者（治療者）をどのように機能させていくかについてが問題であり，監督はベテランの治療者・教師・施設職員がつとめ，補助自我は少人数の場合，本人たち，保護者，学生など，その時の状況に応じ生かすような劇の展開を，監督を中心とした主治療者は考えるべきである。

　第3章4節および第4章3節の松井論文の「あおぞらキャンプ」では，スタッフは，監督1名，補助自我2～3名程度に加えて対象児・者につくトレーナー（学生ボランティア）も一緒に参加する形式であった。彼らは自分の担当する子供の補助自我的な役割をキャンプ中担うわけであり，心理劇体験がなくても補助自我的な役割をとることを期待されているが，実際，上手に関わることができる場合が多かった。もちろん必要に応じて編著者や著者をはじめとする心理劇の技法を使う中心スタッフがその関わりの支援も行っていった。

　また，第2章4節の松井論文は，知的障害者通所更生施設Z更生センターでの実践であるが，施設での療育では十分なスタッフが参加できないことも多い。この場合，このグループの構成が異障害混合であることから，共感性が高く指向性が多様である知的障害者の言動により発達障害者の表現が促されている部分があり，知的障害者が自閉性障害やアスペルガー障害を有する発達障害者の行動のモデルとなることもある。

　第2章5節の田中論文および第4章5節の渡邊論文，さらに第4章6節の井上論文では，林間学校において大学院生を始めとする専門的な資質・能力が高いボランティア参加者は，より心理劇の効果を挙げるための補助自我として欠かせない存在であると強調している。ボランティア参加者のその特長や資質を十分に活かすと同時に，青年学級に在籍する青年たちにとっては初対面の参加者も多いことから，何でも言え安心できる雰囲気が

保たれるよう特に配慮する必要があることが田中論文，井上論文では強調されている。

第4章4節の金子論文では，一人のカウンセラーが監督的役割と補助自我的役割の2つの役割をとることの重要性が示されている。

(3) 同じ場面の内容も異なる立場の執筆者によって書かれているその違いについて

第2章5節の田中論文および第4章5節の渡邊論文，さらに第4章6節の井上論文は，林間学校という高機能広汎性発達障害者を対象にした心理劇の実践報告であった。それらの論文では，時として様々な心理劇の場面での同じ対象者たちの様子がそれぞれ示されている。特に井上論文における年1回出会う立場で書かれたボランティア参加者としての気づきは，重要である。

第2章2節および第4章7節の中村論文では，前著に引き続き，「青年学級」という高機能広汎性発達障害を有する青年に対する療育グループの様子の報告であった。青年を対象とした心理劇では，対象者自身が様々な思いを持って劇化を希望し，監督はその思いを丁寧にくみ取り，劇化につなげていくことが重要である。さらに，対象者単独では自分の思いを十分に表現することが難しいので，スタッフが補助自我の働きを果たすことが欠かせない。対象者の日常生活情報に基づいて，監督と補助自我が連携し，劇化のプロセスに関わることが重要であると考えられるなどのさらなる考察が述べられた。

さらに同じグループを扱った第4章8節の高原論文では，創設期の様子および10年を経た現在の様子を記述し，彼らにとっての心理劇の場と仲間関係の育成の関連を示した。

このように，心理劇や心理劇的方法を工夫していくことで，前著でまとめた時よりも一層心理劇による発達障害者への支援の可能性が広がった。そのように感じられる理由としては，彼らが臨床の場面で変わっていき，また何よりも楽しげに生き生きと自分を表現しているその事実を我々が目の当たりにしたからである。したがって，次節では「なぜ彼らは心理劇を

やりたがるのか」さらには,「なぜ彼らにとって心理劇は有効なのか」について考察したい。

3. 発達障害児・者になぜ心理劇が有効なのか
　　── インタビューや臨床観察より ──

　第4章8節でも一部書いたが,髙原の行っている青年学級に参加している対象者に「あなたにとって心理劇とは」と聞いてみた。
　「面白いです,続けたい」と言い,ともに参加している仲間の名前をすべて言うA,「心理劇は,皆と一緒に遊んだりしますから……,役したりも楽しい」と言うB,「楽しいです。いろんな劇,楽しかったこととか,いろいろな所に行く劇が好き,劇をした後,うれしい気持ちになる」と言うC,「心理劇をすると気分が良くなる,落ち着いてきます,自分の気持ち,いらいらとか助けるために……,心理劇の後はすっきりする」と言い,さらに「どうしてすっきりするのか」と尋ねると「わからないけど,心理劇をしなかったら,すっきりしない」と言うD,「心理劇をすると気になる気持ちや寂しい気持ち,怖かった気持ちがなくなる,心理劇をするのは難しくない,心がスーッとする」と言うE,「心理劇は楽しい,心理劇をしていると途中で眠くなる,退屈じゃない,気持ちが良くて眠くなる」と言うF等々,それぞれの意見が聞かれた。また,その質問自体には答えなかったものの,このグループに参加することは本人にとって意味あることらしくサッカーチームの一員であるかのように「髙原監督からオファーがあるから忙しいけどここに来るんだ,自分は永久にメンバーだからね」などと発言するG,「ここにいると自分が自分らしくいられるから好きだ」と発言するHなどの意見もあった。
　「自分の気持ちを抑えることができるし,悪い気持ちを良い気持ちにできる,切り替えモードやストップモードがかかると落ち着く」と言ったIは,さらに文章で以下のようなことを書いてきた。「心理劇をした。何も問題はなく笑ったけどうまく話せてよかった。他の友達の劇,青春18切符(旅行の劇のこと)や弟の劇もうまくできた。こだわりをなくすと気が

散らない」。

　また，青年学級に2年前に加わり，最近心理劇の主役になりたがるようになったJは，かなり詳細に心理劇に対する思いを語ってくれたので，ほぼその時の内容のまま紹介する。

　「昔は，ああすればよかった，こうすればよかったっていうことを（心理劇では）生で表現できるからいいです，それは昔を忘れるためには良いこと，今思っていることをありのまま表現したい。昔に戻ってみたいな，あの人は今どこでどうしているかな，昔の幼い時の友人，どう過ごしているのかとか，そういうことが気になります。これからも心理劇でいろいろと出来ることに挑戦したい。例えば，大学に学園祭にいた時（表現ママ），あれこれ食べさせられた，ぜんざい，わたがし，コーラ，他の店に行きたかったのに，昔のよく知ってる人がいて，外に行きたかったのに行けなかった，そのこともすっきりさせたい……」

　このように，高機能広汎性発達障害の青年たちは彼らなりに心理劇は役に立つと感じているようである。また，これらの発言を聞いていると，彼らは心理劇の効果であるカタルシスや気持ちの表現，他者理解などについてそのような理論を知らなくても，それなりに言語化できていることが分かる。

　その他，彼らとの心理劇での体験やその他の場面での様子を見ていて感じられることは，以下のとおりである。
　まず楽しい劇ではない時も頑張っているのは，気持ちを正直に出せるからであろう。また，その時に助けてくれる同じ悩みで苦しんでいる仲間の存在を感じており，さらに支援者に支えられていることがわかっているのだと思われる。自分の思い通りにならない劇の時でも，頑張って続けられるのは無理やりではなく話し合って劇を進めるからであり，自分を大切にしてくれているという感じがあるからだと思われる。また，他者の劇で補助自我的な働きをした時には褒めてもらえるのも大きいと思う。これは，知的な障害があり，うまく表現できない対象者にとってもそうである。

第5章 考　察

　さらに高機能自閉症やアスペルガー障害の人たちにとっては，言いたくないことや，したくないことはしなくていいというルールが安心できるようであり，そのようなことが続くと私たち支援者を信頼できてくるようである。加えて，自分たちで提案したこと工夫したものを取り入れてもらえることにもやりがいを感じるようである。そのためには監督や補助自我が柔軟であることが必要であろう。

　よく心理劇をまだ施行していない専門家や保護者らから「いけないこと，不適切なことをしないのか，そのような不適切な言動が心理劇の場面で見られた時はどうしたらよいのか」と聞かれるが，心理劇の時は満足しているからあまり不適切な行動は現れないことが多い。おそらく，不適切な行動で自分を表現しなくていい状況であって，彼らにとっても居心地がいいからなのであろう。

　さらに，どちらかというと興味関心のないことには注目できない彼らが，いつもと同じではない常に変化していく場面にもかかわらず次に何があるか一所懸命かかわろうとすることも，実は彼らの集中力を持続させるために重要なのであろう。楽しく参加するためには周りの雰囲気を察知する努力が求められるという心理劇の場面，すなわち，できるだけ希望をかなえる一方で一定の枠組み・コントロール下での支援が受けられる所が心理劇の場なのである。

　最後に，仲間も支援者もともにシェアリングで一緒に楽しみ，また，一緒に悲しむという気持ちの共有も，あまり体験したことのない重要な場として機能していると思われる。

　また，発達段階を考慮すると，幼児期・児童期・青年期それぞれに工夫次第で適用できることが本著で示された。しかしながら，幼児については他に学習すべき課題は多いので，優先順位を考えるとこのような支援はまだ主ではなく補助的なものであるべきだ。まずは，身辺自立・コミュニケーションのための言語訓練などが先であろう。第3章1節での実際などを参考にしてもらいたいが，この時期には，心理劇的方法を利用してのコミュニケーション支援などは可能である。言葉のないレベルの幼い子に対して

は楽しめる課題を考えることも必要であろう。

　児童については，教育現場での交流活動などで十分活用できると思われる。この発達段階の対象児でも，前著で考えていたよりは，さらに深みのある劇ができる可能性があることが本著で示された。さらに，情操の発達支援や自己の見直し，ソーシャルスキル・トレーニング，ロールプレイによる社会性の促進などで有効である。これらの実際については，第2章1節，第3章2節〜3節，第4章1節を参考にしてもらいたい。

　支援の形態という視点から見ると，いわゆるクローズド・グループか，セミオープン・グループか，その状況によって変わってくるし，さらには心理劇か心理劇的方法かという点についても様々である。第2章はいわゆる心理劇そのものの臨床報告であり，第3章は応用的に行った心理劇的方法に関する臨床報告として位置付けられる。

4．アスペルガー障害児・者になぜ心理劇が有効なのか

　前節で，発達障害児・者になぜ心理劇が有効であるか，面接や臨床観察を通じて概述されたが，さらに，アスペルガー障害者にとって心理劇がどのように効果的なのか，どうして必要なのかを再整理してみたい。

　私達の心理劇の対象である軽度発達障害児・者（高機能広汎性発達障害と同義）は，F県精神衛生センターやF市立心身障害福祉センターに来談・施療を受けた2歳〜4歳からの者を含め幼児・学童期よりの継続ケースが大半であるということと，特定の知的障害者入所施設の通所施設に属している者が半分で他も学生や会社員とはいえその施設の外来療育部門の経過観察ケースであること等によりその個人個人については数年から20年以上にわたる経過観察ケースであり，ある程度縦断的な様相をうかがうことができた。

　これらのケースは，思春期・青年期を迎え，能力的にはかなり向上・発達がみられた。

　しかし能力は向上して普通かこれに準じるようになってもパーソナリ

ティの偏り，普通でない判断様式等が露わになってきた。

　社会性・協調性を昂め，常識的感覚を養い，年齢相応の人格水準にするために私たちが用意したのが心理劇療法であった。

　すでに迎（迎　孝久，1983）とともに1964年以来，統合失調症の心理劇を行ってきた私達が，発達障害者が次第に変人くささ—pathiegefühlを増してきたことに危機感と焦燥感を抱き，心理劇療法を投入したのは自然の成り行きだった。

　人格の発達途上でその障害のゆえに健全な人間関係を持つことができなかった個人は原発的にも二次的にもその人格形成に多少の歪み，偏りが生じる。

　それは「変わった人」「偏屈」「意固地にすぎる」といった程度から「人格異常」と呼ばれる程度にまで幅があり，状態像も様々である。

　既にクレペリン（Kraepelin, E. 1915）は「性格異常は正常と精神病の中間概念であり，これには精神病の前段階のものと精神発達の一種の障害によるものとがあるものと考え，それがために性格の著しい偏奇が生じたのである」（新井，1968）と喝破していた。クレペリンの類型では仮性好訴人（Pseudoquerulant），好争人（Streitsuchtig）と重なる部分が多いがやはり興奮人（Erretische）と重なる部分が最も多いように思われる。これが後のシュナイダー（Schneider, K. 1949）になると性格要因的分類が多くなり，爆発型（Explosible），情性欠如型（Gemütlose），狂信型（Fanatische）等に色濃く反映されている。しかし，100％同じというわけではない。

　類型論を中心にしたドイツ系の区分では，成人に達した個人の精神科での診療に基づくものであるから"生来性の"，"素質因の"といった判断に傾くのはやむを得ない。

　幼少時からの人格発達・人格形成を俯瞰した縦断的観察がなされていれば，また，より異なる表現がなされていたかもしれない。

　これに対し，より力動的な了解関連で精神像を把握しがちなアメリカ精神医学を基にしたDSMシリーズは世界中で普遍的な診断手引きとなり，WHOとの絡みもあってICDにも反映され世界標準規範としての地歩を確立した。しかし，それは分類と診断の"手引書"，マニュアルであって可

視的な結果現象（症状）項目の多寡で決める安易なものである。

精神現象の本態の把握のために思索と推敲を繰り返し，感性をも動員して事象の本質に迫るドイツ式のそれとはかなり異なる。

いわば知能テストで言えば，B式（動作性）米陸軍リクルート選抜テストのようなものである。

心理力動概念を根源に持つAPA（American Psychiatric Association：アメリカ精神医学会）だけあって静的な精緻な分類よりも「改むるに憚ること勿かれ」ということになるようで，結果現象としての症状や行動特徴の羅列が年々変化・消長し，改訂されていくので若干の戸惑いを感じる。

しかしながら，静的で区切り感のある横断的な"診断"は概念整理には便利で，未知から既知へという安心感を与えるが，固定観念になりやすく，それに捉われて柔軟に本態を感じ取ることができにくくなるというきらいもある。

対象が身体のような物理・化学次元のものでなく，特に発達途上にある精神統合体の場合，本態がいつのまにか変成していくというその流動性を把握しておかねばならないので，DSMでの基準概念，"障害（Disorder）"という用語の方が適切かもしれない。しかしながら，人格障害（Personality Disorders）の場合などDisordersを"障害"というより"整合不全"または"適合不全"と訳した方がより本質に近いかもしれない。

私たちの心理劇実践代表髙原（髙原 2007, 2008）が詳述したように，その効果は個々の事例や集団の実践例を通じて概観できる。

しかしなぜ心理劇的療育が必要なのかということについては，これら軽度発達障害者の本質を更に把握・分析する必要がある。

まず，これら心理劇対象の軽度発達障害者をⅠ．高機能自閉症群（事例A・B・C・D），Ⅱ．アスペルガー低水準群（事例E・F・G・H・I），Ⅲ．アスペルガー高水準群（事例J・K・L・M・N）の3群に分けた。

Ⅰ．高機能自閉症群（A・B・C・D）

これらは幼児期に早期幼児自閉症等の診断が確定していたもので，言語

発達の遅れや歪みを多少ともその残滓として呈している者。時としてうつ状態（A・B）や神経症的不適応状態（A・C）を示すことはあっても一過性のものであり，心因的誘因が認められる場合が多くて，人格水準の後退や自我が弱くなる可能性は少ない。それゆえ，正常範囲にまで能力や人格が発達することは望めないにせよ，ともかく，右肩上がりの成長を続ける安心できるグループである。

因みにこのグループのロールシャッハは形態水準が悪く最初の図版の形態に捉われ固着するので，常同的観念の繰り返しで，その生産性の低さ，発想の乏しさは目を覆うばかりである。いわば，小出力の蒸気機関車で，順風状態のもとレールの上を走る列車みたいなものである。

II．アスペルガー低水準群（E・F・G・H・I）
これは IQ80 以下で，コッホ（Koch, J. L. A. 1891 他）のいわゆる，精神病質的低格（Psychopathische Minderwertigkeit）にも相通ずるもので，その表出言語については，幼児期はともかく現在では殆どその遅れや歪みを指摘することは困難である。これらは，その能力が健常範囲に達しなかったがゆえに"障害者の範疇"に入る人たちである。

日常会話は十分にできるが「会話ができるというだけ」，そこまでであって思考力においては子供以下の場合が多い。

いずれも今は自宅から曲がりなりにも職場（F・H・I）や授産所（E・G）等へ行っているが，親亡き後，自立生活は困難であり，知的障害施設の中で，人格反応を起こせば精神病院の中で生きていくことを余儀なくされる。いわば，中程度の出力の蒸気機関車に牽引された列車が道路を走っているみたいなものである。

III．アスペルガー高水準群（J・K・L・M・N）
IQ は普通または高知能，言語能力も普通かそれ以上で，前2群のような"障害"的雰囲気はないが，それだけ「偏り」が目につきやすい。

このグループのロールシャッハの特徴は，反応数が多く精神活動が活発なのに形態水準が悪くM反応・P反応が少ないことである。即ち，物を考

えたり空想したりするのは十分できるが，判断が常識的でない場合が多く，知能の割に外界の客観的把握が良くない。また，共感性に乏しく，自己中心的・独善的である。内容分析ではさらに不健康で内閉思考の場合が多く，他罰傾向が強い。観念の固着傾向が強く，排他的，逃避的で時に不合理な思考を示す。

いわば，高出力の，自動車並みの操縦性を持つ蒸気機関車に牽引された列車が崖際の不整地道路を走っているみたいなものである。

通常，社会に出て自立した生活を送るのはこの第Ⅲ群，アスペルガー高水準群である。第Ⅰ群，第Ⅱ群に対して行う心理劇は療育的，レクリエーション的色彩のみでも十分その意義はあった。しかし第Ⅲ群に対しては治療的意義があるとされたのは過去のことである。独善的・非常識的判断に傾きがちな第Ⅲ群の思春期・青年前期の対象者へ緊急に必要なことは，不健康な内的世界に浸ることを止めさせ，常識的な感覚と感性を持たせ，優しさや寛容さに代表される良質の対人共感性を醸成させることである。これらは教育によって，集団生活によって両親・家族・友人等との交流によって自然と培われることが多いが，彼らはなぜそうならなかったのだろうか？

どうして常識的な円満な穏やかな人柄を身につけられなかったのだろうか？

今更問うてもせんないことかもしれない。それは，既述の如く発達障害が引き起こした歪みが人格の発達に深刻な影響を及ぼしたからである。

とすれば，今後その歪みを矯め，高等感情を醸成し人格を陶冶していくにはどうしたらよいか？

教育や両親等の愛は今まで通りである。

内面より昂めていくプラスアルファの働きかけが最も肝要なこととなる。

原発因は何か

突き詰めれば，やはり固執・固着の認知（外界把握）様式である。早期

幼児自閉症の概念で，①極端な孤立，②同一性保持＝固着・固執，③言語の遅れと歪み，が基本的症状とされるが突き詰めればこれも①②③ともに根底で連環している。というよりも①②③ともに特定の認知様式から派生する結果現象（症状）に過ぎない。即ち，特定の事物の視覚像の記銘が強烈に行われ他の認知を排除するというメカニズムである。その結果，音声と視覚像（外界）との有機的結合も行われず，即ち，認識ができず，乳児期は殆ど固定された内的世界だけになる。極端な孤立である。

同じく同一性の保持・変化への抵抗もこれにより説明され得る。言語の歪み等の一級症状（遅延反響・切迫造語・主客転倒，等）についても同様である。

"人間関係の障害"といった了解的説明概念はその結果の結果に過ぎない。

アスペルガー群が自閉症と見なされるのは①と②を，または①と②の変形や残滓を色濃く持っているからである。

アスペルガー群が自閉症と見なされないのは③を克服したか，初めから③が殆どなかったからである。

②の「固着」を後天性と考えることには無理がある。乳幼児期に身近に視た事物がある選択を経て強く記銘されそれにこだわるという認知様式は養育環境や母性との人間関係等の要因の介入の余地のないものである。

原初的な認知の段階で，視認した特定の事物へ固着するのであるが，これは何事にも固着・固執しやすい傾向となり，人格形成上根源的な要因となって深い影響をのちに残す。

ともかく対象事物，長じてはその観念及び概念にこだわる。即ちそのことばかりを認識するゆえに他を認識することがなくあるいは認識することが薄く，外界との調和的結びつきができにくくなるのが本質である。

固着的認識は必然的にその対象に注意の集中を随伴しているので他者や外界には注意がいかないということになる。認知・認識することから情動が発生する。認知さえできない場合は綿の中に埋没しているのと同じで感情の発生のしようがない。従って，認知不全が甚だしい場合は，情動レベ

ルの醸成も難しく，顔は能面のようになる。ただし，限定された記憶像の認識という精神活動を行っている場合は，内的精神活動が非常に乏しい精神遅滞児に比べ，顔は引き締まり，怜悧な印象を与える。その最も顕著な例が自閉症である。

　ここに示される根源的な能力が低いこと——整合的精神の働きが低いというべきか——とそれに伴う獲得された学習成果と平均的なそれとのあまりの差は，質的に異常という感じを与える。たとえ，発達線上に並ぶ量的な差であってもその差があまりにも大きな場合は質的な差，即ち異常に転化する。
　これらは「制限された反復的で常同的行動，興味及び活動のパターン」という形で症状化し健常な発達を妨げる。その結果，彼らは持っている知的資質に比べ，対人情況の感性的把握・判断のまずさが次第に顕在化し，他人と常に違和感・異質感を感じるようになる。また，自己の観念に捉われるあまり，他者の考えを想像する余裕もなく，多様な思考を受け付けないので自己中心・独善といった面も露わになってくる。
　これらにより，アスペルガー障害者は①根源的認知不全からくる対外世界の把握不足（共感性の欠如）から，②それに伴う人格形成の遅れ，自己中心・独善・幼稚で未熟な思考，③対人関係不全からくる不適応——他者への不満・欲求不満を持ちやすい——状態となり，④反社会的傾向，倫理・道徳等の高等感情醸成不全，⑤社会的成熟度が低い，となり，さらに，⑥非社会的行動の顕在化・引きこもり・バーチャルな世界への没入等の問題に進んでいくことが考えられる。
　そして粘着性性格とみられるような情動レベルでの固執傾向を生み，頑固・一直線・非妥協という特性になって現われ，ひどい場合には執念深いと思われるような行動の出現となる。さらには，常識を超えた暴力行為や粗暴行為，ルール無視等の問題行動へつながっていくことも懸念される。

　これらの特性はもちろん，反社会・非社会方向へのみ本人を駆りたてるわけではない。アインシュタインや南方熊楠の例を引き出すまでもなく，

科学や芸工等の面で衆に秀れた業績を生む原動素因ともなり得る。即ち「対人関係が苦手である」ことは「対人関係に煩わされず」へと，「固執・固着傾向」は「1点集中の持続的精神活動・手指活動」へと，「強迫性・完全癖」は「己れの納得のいく良心的な仕事仕上げ」へと，それぞれ持続的に昇華される。

　誤解を恐れずに言えば，人間は大なり小なりアスペルガー的要因をもっていないと，後世に残るような業績を挙げられるものではない。

　IQ120かそれ以上を示すアスペルガー者はたくさんいるが，その挙措・動作・立ち居振る舞いを見るに，首を傾げざるを得ないことが多い。知識や理解・思考は十分あるのに，判断が悪いというか，ずれているという感じである。

　知能の定義を「自分の環境に対して，目的的に行動し，合理的に思考し，効果的に処理する個々の能力の集合的または全体的なものである」とすれば，残念ながらこれらアスペルガー者でも知能は優秀とは言えない。

　知能テストで測定されたIQではなく，適応という観点からすれば評点が厳しくなるのはやむを得ない。

　知能テストに関して，ここでは問題点は2つある。

1. 意志・統合力等の知能に深い影響を与える因子を計量化できないこと。
2. 知能の本質・中核をなすのは思考力ではあるが，知能テストでは限定された単次元での思考力しか評価できないこと。

　知能テストでは知能の各構成要因の個々について量化し，即ち尺度で計れるように設定し数量化する。

　各構成要因間の有機的活動の程度や全体の統合・総合機動力，また環境への柔軟性等を正確に反映するような数値を計量化することは難しい。

　さらに，物事を解決（効果的に処理）するためには本来の解決のための能力を持っていることとは別に解決する意志を持ち続け，忍耐強く事を図らなければならない。即ち意志と耐性，自己抑制及び知的好奇心は成長途上の知能の生成にとっては必須の要因となる。学校教育はこれらの要因の

素を提供し賦活する最高の人生の過程である。「人間（教師）と人間（生徒）の触れ合いによって生徒の人間的成長発達を図る」ことは学校教育の第2の目的に過ぎない。

　第2の問題はさらに深刻である。

　知能テストのウェクスラー法では言語性の「類似問題」，B式（動作性）では「数列」等に示される思考（抽象）能力の測定は「両方の物事を比べて」「整数を比べて」という次元の上でその抽象能力を測っているわけで，いわば「単次元での」思考能力である。この単次元での思考能力（知能テスト）が良ければ複合次元での総合思考能力（適応能力）が良いと推するわけである。もちろん前者が悪ければ後者が良いはずはない。しかし，前者は後者の必要条件ではあるが必要十分条件ではない。前者が良くて，後者も良いというケースが多いであろうが，前者が良くても後者が悪いという個人もおり，その差が甚だしい場合の一例がアスペルガー高水準群である。

瞬間的多重思考について

　思考とは本質的に複雑な精神活動過程である。あることを集中して考えることは他のことを排除する。みかけ上，思考は単一のことのようにみえる。しかしこれは思念を凝らすといった類のことである。生きた世界ではたくさんの次元での刺戟を受け止め，判断して統合し，また，総合的に判断するという精神諸活動を人は一瞬のうちにせねばならない。

　母親が「だめよ！」という言葉を発したら，本気で怒って禁止しているのか，またやっちゃってといったような半ば許した感じで言っているのかは，4歳の幼児でもわかる。言語そのものの意味の他に，音の高さ，弱さ，語感の厳しさ，柔らかさ，視覚的に怒っている顔か，許している顔か，親の感情や気迫はどの程度か……等々それぞれの次元での要因をキャッチして綜合し一瞬のうちに判断するわけである。

　「馬鹿だな！君は！」と友達が自分の行為を笑ってたしなめて言った時に「馬鹿とは何だ！ふざけるな！」と真剣に怒ったら，その友達は，周囲の人はなんと思うだろうか？友達付き合いもそれまで……となってしま

う。十分なIQの高さを示す子でも，こういう間違い，食い違いを度々起こすとしたら，人との間に目にみえない溝ができるだろう。人間関係が面白いはずがない。

幼少時より誰でもできる瞬間的多重思考を，その認知固着性のゆえに1つ事だけに捉われてあまり作動させなかった個人は，いろんな場面で人との共感的関係を成立させることができ難かったであろう。自閉性障害やアスペルガー障害系統の個人にとっては，この綜合思考と判断は確かに不得手ではある。しかしできないということではない。経験を繰り返し努力し学習していくこと，忍耐のもと継続して積み重ねることにより，より常識的な判断力とより豊かな共感性，感性を獲得していくことができる。

心理劇が必要とされる真の理由

自発性・創造性・積極性を昂めるという心理劇の効用は遍く知られている。心理劇の集団は即ち疑似社会である。有為転変し，流動・化成・消滅を場の中であっという間に繰り返し離合し，集散する。全体の流れに注意をそそぎ，油断せず，かつ全体的な場の流れの本質を把んでおいて，自分がその場に参入し，自分で役を作って，その場（社会）の構成要員（メンバー）となって劇（社会）を繰り広げていくのである。

複数の他人の顔色や声音を認識しながら，流動していく場面（人間関係）の本態を把み，最も適切に自分が関わり合ってタイミングをはかり，行動する。これこそ瞬間的多重思考であり，心理劇はそれの演練の場であり，これを培養し醸成する肥沃な土壌である。

幼少時より他人と思惑が食い違い，陰口を言われ，嘲笑され，時には面罵を受けたこともあったであろう軽度発達障害者にとって，安心して人間的・社会的技能を磨き——技能訓練とは本人たちは意識していないであろうが——感受性・共感性を養い昂めることができる場，それが心理劇である。

通常，他者と感覚が食い違った場合，何らかの不全感や不満感が残る。本態として固執傾向が強い個人は，この体験の場——記憶像——という観念を保ち続けてなかなか忘れない。観念には情念が随伴する。情念の中

でもより永続するのは哀より怨である。観念を強く持ち続けてそれに支配され，行動化する場合，怨に裏打ちされたその行動は時として非常に危険で反社会的な様相を帯びることもある。

　心理劇の場は，人間関係において不全であったこれらの人たちが，これら不全感，不満感，不安を発散消化させ，より建設的な自我へと成長させていく演練の場である。

　これらは，人間関係のきつさから逃れてくる者のためのシェルターであり，発散や癒しを行うレクリエーション・センターであり，社会人として成長させる建設現場であると同時に，内閉思考からパラノイア的妄念に発展して反社会・非社会行動へ突出することを防止する予防・修理・再構築の工場である。

5. さいごに

　本著は，前著『発達障害のための心理劇――想から現に――』に続く発達障害に対する心理劇施行の効用について紹介したものである。前著と同様，心理劇の場は発達障害児・者が「自分らしく生きること」を認める場として成り立つときにその効果が示された。このように，発達障害児・者に対する生涯発達援助のひとつの方法として，心理劇は有効であると思われる。

　　　　　　　　　　　　　（1～3節，5節　髙原朗子；4節　楠　峰光）

文　献

1. 新井尚賢：性格異常，異常心理学講座第4巻　みすず書房　1968
2. Koch, J. L. A. : 精神病質性低格. ラーヴェンスブルク　1891～1893
3. Kraepelin, E. : Psychiatrie 8. Aufl. Leibzig 1909～1915
4. 迎孝久（編著）：心理劇の実際. 迎医院　1983
5. Schneider, K. : Die Psychopathischen Personlichkeiten 1949, 懸田克躬・鰭崎轍訳　みすず書房　1954

あとがきに代えて

　この本を亡き迎孝久先生の御霊前に捧げます。

　この本の多くの著者にとって師と仰ぐ迎孝久先生は2008（平成20）年10月4日に亡くなられました。享年85でした。先生の棺の中のお顔は能面の翁のように気品に充ち安らかなものでした。
　先生は昭和30年代半ばに九州の地で心理劇を始められました。当時の精神病院はようやく向精神薬も発達して，昔日の積極的な症状は改善されつつあったものの，永い病院生活を余儀なくされた慢性の統合失調症の患者様が多く見られ，先生はこの方々に何とか生活への意欲を持ち，生き生きとした生活を送っていただくことはできないかと考えておられました。このようなときに東京の研修会で，松村康平先生や臺利夫先生，石井哲夫先生などが我が国に導入して研究されていた「心理劇」に出合われたのでした。
　心理劇の目的は自発性・創造性を開発・涵養するというものであります。自発性を失った慢性の統合失調症の患者様にこれを試みることで，病気によって，あるいは永い病院生活の中で退化した自発性を少しでも取り戻してゆけないかと考えて，心理劇を精神病院に導入されたのでした。
　先生は九州における心理劇の創生期においては法務省におられた佐伯克先生から実施方法を学ばれましたが，後には先生の独自な方法「間接誘導法」を編み出されました。この方法は現在ではその弟子である楠峰光理事長の経営する知的障害者施設における「発達障害者」の心理劇へと受け継がれています。この本の多くの事例はこの施設の関係者の実践例でもあります。
　先生は病院において心理劇を実践されるだけではなく，九州で多くのサイコドラマティストの育成に努められ，さらに九州心理劇研究会を創設さ

れました。この会が発展して現在の西日本心理劇学会へと発展しました。迎先生の蒔かれた種が今では多くの実りをもたらしています。
　この本の制作中に先生の訃報に接し万感の思いがこみ上げてきます。
　先生のご冥福を心からお祈りいたします。

　2009年1月

　　　　　　　　　　　　　　　　　　　　　　　　　金子進之助

索　引

ア行

あおぞらキャンプ ……………… 61, 97, 175
アスペルガー ……………………… 5, 17, 18
アスペルガー障害（症候群）
　　………………… 5, 19, 102, 182　他
石井哲夫 ……………………… 4, 20, 193
今ここで …………………… 13, 80, 117
今の気持ち …………………………… 129
イメージ ………………………………… 9, 81
ウォーミングアップ ……………………… 9
現（うつつ） ……………………………………… 7
臺　利夫 ………………………………… 4, 193
ADHD（注意欠陥多動性障害）…… 48, 97
SST（ソーシャルスキル・トレーニング，
　社会適応訓練，社会技能訓練）
　　………………………………… 68, 102
LD（学習障害）………… 5, 68, 85, 175
遠城寺宗徳 ………………………………… 17
桜花塾 ……………………………………… 33
想（おもい） ……………………………………… 7

カ行

家族（家庭）……………………………… 166
カナー …………………………………… 5, 18
観客 ………………………………………… 8
間接誘導法 ………………………………… 4
監督 ………………………………………… 8
キャリア教育 …………………………… 102
共感 ……………………………………… 191
グループ ………… 24, 52, 68, 75, 117
クレペリン ……………………………… 183
劇化 ………………………………………… 9
行動化 …………………………………… 14
こだわり …………………………… 19, 167
コミュニケーション …………………… 20

サ行

さくら保育園 ……………………… 47, 174
シェアリング ……………………………… 9
自我 ………………………………………… 7
自己実現 ………………………………… 13
自発性 …………………………… 3, 7, 191
自閉症（自閉性障害，高機能自閉性障害）
　　………………………………… 5, 110　他
社会性 …………………………………… 8, 182
社会適応 ………………………………… 28
主役 ………………………………………… 8
生涯発達 ………………………………… 14
情操 ……………………………………… 6, 143
情動表出 ………………………… 10, 11, 80
瞬間的多重思考 ……………………… 190
心理劇（サイコドラマ，ドラマ，劇）
　　………………… 3, 16, 23, 47, 75, 173　他
青年学級 ………………… 28, 128, 143, 178
創造性 ………………………………… 3, 191
即興劇 ……………………………………… 3
外林大作 ………………………………… 4

タ行

対人関係 ……………… 37, 52, 75, 110　他
耐性 ……………………………………… 28
ダブル（二重自我法）…………………… 9
ＷＨＯ …………………………………… 68
知的障害（精神遅滞）………………… 37, 177
寺子屋さくら …………………… 23, 75, 175
時田光人 ………………………………… 4
特別支援教育（学校）………………… 5, 52, 56
トレーナー（チューター）…… 33, 61, 175

ナ行

中根　晃 …………………………… 20, 139
仲間関係 ………………………………… 143
成瀬悟策 ………………………………… 15

ハ行

発達障害（広汎性発達障害，軽度発達障害，高機能広汎性発達障害） ……… 3, 5, 6, 117, 128, 143, 179, 191 他
発達障害者支援法 ………………………5
針塚進 ………………………………………5
ピア・カウンセリング（ピア・サポート） ……………………………… 8, 128, 168
ファンタジー …………24, 28, 81, 96
福祉 ……………………………………37, 47
福祉施設（施設，更生施設）…37, 47, 61
舞台 …………………………………………8
補助自我 ……………………………8, 57 他

マ行

増野肇 ……………………………………19, 61
松村康平 ………………………4, 16, 193
ミラー …………………………………………10

ヤ行

迎孝久 ……………………………4, 16, 183, 193
モレノ ………………………………………3, 16

役割 …………………………………………81
山下功 ………………………………………17
吉川晴美 ……………………………………19

ラ行

ライフスキル ………………………………68
療育（療育キャンプ）………47, 61, 97
林間学校（林間キャンプ） ……………………………42, 110, 117, 178
レクリエーション ………………………61
ロールシャッハ …………………………185
ロールプレイ（ロールプレイング） ……………………68, 87, 102, 175
ロールリバーサル（役割交換法）………10

〈編著者〉
髙原　朗子（たかはら　あきこ）
九州大学大学院教育学研究科博士後期課程中退。
熊本大学教育学部附属教育実践総合センター准教授（臨床心理学・障害児心理学）。
日本心理劇学会理事・西日本心理劇学会常任理事・日本自閉症スペクトラム学会評議員・九州発達障害療育研究会常任理事。博士（人間環境学）。
臨床心理士。
担当：はしがき，第1章，第4章8節，第5章1・2・3・5節

〈共著者・五十音順〉
池田　顕吾（いけだ　けんご）
広島大学大学院教育学研究科修了。
社会福祉法人玄洋会やまと更生センター指導Ⅱ係長・福岡市知的障がい者地域生活支援センター主任コーディネーター。
臨床心理士。
担当：第2章3節，第3章1節，第4章1節

井上久美子（いのうえ　くみこ）
九州大学大学院人間環境学府　博士後期課程単位取得退学。
東海大学総合教育センター阿蘇教養教育センター(兼務)講師。
臨床心理士。
担当：第4章6節

金子進之助（かねこ　しんのすけ）
九州大学文学部卒業。
大分県児童相談所等を経て，別府大学大学院教授兼別府大学短期大学部教授（臨床心理学），前別府大学短期大学部副学長。
日本心理劇学会常任理事・西日本心理劇学会常任理事・九州発達障害療育研究会副会長。
臨床心理士。
担当：第4章4節，あとがきに代えて

楠　峰光（くす　みねみつ）
九州大学文学部卒業。
社会福祉法人玄洋会（知的障害者入所更生施設昭和学園・知的障害者通所更生施設やまと更生センター）理事長。糟屋子ども発達センター　センター長。
日本心理劇学会理事・西日本心理劇学会常任理事・九州発達障害療育研究会事務局長。
臨床心理士。
担当：第5章4節

工藤　雅道（くどう　まさみち）
大分大学大学院教育学研究科修了。
大分県立新生養護学校教頭。
学校心理士・心理リハビリテイションスーパーバイザー・産業カウンセラー。
担当：第3章3節

田中　聡（たなか　さとる）
鳴門教育大学大学院教育学研究科修士課程修了。
社会福祉法人玄洋会やまと更生センター主任指導員。
担当：第2章5節

中村　真樹（なかむら　まき）
九州大学大学院人間環境学府（心理臨床学コース）博士課程単位取得後満期退学。
長崎純心大学（人文学部児童保育学科）助教。
臨床心理士。
担当：第2章2節，第4章7節

松井　達矢（まつい　たつや）
福岡教育大学教育学部卒業。
社会福祉法人玄洋会やまと更生センター指導第Ⅰ係長。
担当：第2章4節，第3章4節，第4章3節

矢野　裕子（やの　ひろこ）
福岡教育大学聾学校教員養成課程卒業。
熊本大学教育学部附属特別支援学校小学部教諭。
担当：第3章2節

吉川　昌子（よしかわ　しょうこ）
九州大学大学院教育学研究科修士課程修了，博士後期課程単位取得後満期退学。
中村学園大学短期大学部幼児保育学科准教授。
西日本心理劇学会理事。
臨床心理士・特別支援教育士。
担当：第3章5節，第4章2節

渡邊須美子（わたなべ　すみこ）
九州大学大学院人間環境学府博士後期課程単位取得後退学。
別府大学文学部助教，別府大学大学院助教（臨床心理学）。
臨床心理士。
担当：第2章1節，第4章5節

〈装丁デザイン・挿絵担当〉
平山　隆浩（ひらやま　たかひろ）
福岡教育大学大学院教育学研究科修了。
西日本短期大学助教（美術教育学）。美術家。福岡市美術連盟理事。あーたの会代表。

軽度発達障害のための心理劇
――情操を育む支援法――

2009 年 5 月 8 日 初版発行

編著者　髙　原　朗　子

発行者　五十川　直　行

発行所　(財)九州大学出版会
　　　　〒812-0053 福岡市東区箱崎 7-1-146
　　　　　　　　　　九州大学構内
　　　　電話　092-641-0515(直通)
　　　　振替　01710-6-3677
　　　　印刷・製本／大同印刷㈱

Ⓒ 2009 Printed in Japan　　ISBN 978-4-87378-992-7

発達障害のための心理劇
―― 想(おもい)から現(うつつ)に ――

髙原朗子 編著　　　　　Ａ５判 184頁 **2,600 円**

特別支援教育や発達障害者支援法等により，その支援の在り方が模索されている発達障害者。彼らが自分らしさを大切にしながら，想いを表現し，現実の世界で生きていくための心理療法的アプローチである心理劇の実際を，様々な事例を挙げてわかりやすく解説する。

心理学はしがき集

成瀬悟策　　　　　　　　四六判 330頁 **2,800 円**

著者の研究の立場や考え方を，はっきりと打ち出した特徴ある序文67点からなるはしがき集。論文に匹敵する序文や斬新な企画・編集のまえがき，あるいは若手への励ましの推薦文は，これからの新しい心理学研究の方向を示唆している。

障害児の心理と指導

山下　功 編　　　　　　Ａ５判 300頁 **3,800 円**

第二次大戦後，新憲法の理念のもとに発足した障害児教育の足跡をたどり，その中で解明された教育心理学的理論や指導方法についてまとめたもので，各障害児のもつ基本的な特性や問題点を整理し，それぞれの障害に対して開発された指導法を紹介する。

SART ―― 主動型リラクセイション療法 ――

大野博之 編著　　　　　Ａ５判 204頁 **2,000 円**

SART（主動型リラクセイション療法）は，動作法の臨床実践の積み重ねから誕生し，からだの動きとリラクセイションにより自分の再発見と可能性を探るアプローチである。一般の人たちの心身の不調の改善にも役立ち，障害を持つ人たちやこころとからだに問題をもつ人たちに広く適用できる心理療法である。

（表示価格は税別）　　　　　九州大学出版会